戦後日本を狂わせた OSS「日本計画」

二段階
革命理論と
憲法

田中英道

展転社

推薦の辞

民主主義化の名で呼ばれ、国民の大半がそれと信じてゐた日本の戦後改革は、実は隠れ共産主義者Ｆ・Ｄ・ルーズベルトを淵源とする米国戦略情報局の、日本改造計画の実現だつた。その真相をつきとめた本書により、戦後史の根本的書換へがはじまる。

東京大学名誉教授　小堀桂一郎

近年、日本の近代史を書き換える新事実が世界中で続々と公表されはじめ、古い東京裁判史観やＧＨＱ史観を清算すべき時が来ている。本書は戦後史の根源に遡り、なぜ日本が今のような「おかしな国」になったか、その原因を大胆に探る。

京都大学教授　中西輝政

いわゆる昭和史家の昭和史はダメである。それは日本の敵が何を考え、何をやっていたか考慮しないからだ。田中英道氏はアメリカのＯＳＳ文書を解き明して昭和史の深相＝真相を示してくれた。

上智大学名誉教授　渡部昇一

はしがき

本当に、歴史は表面を一枚剥がすと、何があらわれ出るかわからない。米国国立文書館から出てきた戦時中のＯＳＳ（Office of Strategic Services・戦術局）の文書が解禁されたおかげで、日本の戦後史が、がらっと変わってしまったのである。この書は、まさにその一枚を剥がした戦後史の試みである。

これまでの日本人の研究が、ほとんどすべてアメリカ国務省の表面上の外交文書を主体にして、日本の占領政策や憲法問題を考察してきた。その結果、「自由主義的改革に天皇制のマントを着せる」穏健派主導による戦後改革が行われた、と取られてきた。五百旗頭真、中村政則、原秀成各氏らの大著の研究も、基本的にはその線をずれていない。

それらを批判して、ＯＳＳ研究の先鞭をつけた左翼の学者、加藤哲郎氏は次のようにいっている。ＯＳＳは、《反ファシズムのヒューマニスムと学問研究の特性を利用し、戦時体制下に研究者を総動員し、その成果を吸収しつくして世界戦略を立案し、勝利した。だからこそ、その担い手たちは、戦後アカデミスムで圧倒的な影響力を持ち得た。その実証分析を重んじた組織的な情報戦によって、ナチス・ドイツや軍国日本はもとより、指導者の意に沿わない情報を遮断し切り捨てる旧ソ連の国家哲学強要型情報部や、伝統的なイギリスの秘密主義的諜報戦に勝利しえた》(『象徴天皇制の起源』平凡新書、平成十七年)。

しかしその世界戦略は、ソ連と異なった左翼ユダヤ人学者のフランクフルト学派的な「批判理論」

が主となっており、ルーズベルトの隠れ社会主義路線によって、支持されていったことが、加藤氏には理解されていない。結局、このOSSの指導する方向が、「天皇制民主主義」であるというのも、憲法を改正できないできた大半の日本の保守陣営の受け止め方と変わりがないことになっている。

私のような近現代史以外の一文化史家がこのような書に取り組む気になったのも日本文化の著しい荒廃が戦後感じられたからである。日本の伝統の共同体が崩れると、文化も崩壊せざるを得ない。私自身の専門の分野での調査や学会で、アメリカやドイツを何度も歩いてきて、深刻にそれを感じた。きっかけといえば、第十章を読んでいただければ了解されるであろう。ベルリン・フンボルト大学招待の話が毀れた経験があったからである。

次にワシントン調査で旅行したときに、そのような現代史史料に出会い、その後は原資料までパソコンを使って調べることができた。日本における数多くの書物類と合わせれば、検討や研究ができるのである。かえって過去の専門的なしがらみも、イデオロギーもないことが幸いして考察することができた、と自負している。また、私が文化史学として自由な立場であることにより、戦後の「左翼レジーム（体制）」の学会や言論のタブーを破ることができた、と考えている。

東日本大震災が起こり、人々は動員された十万人以上の自衛隊のおかげで、共同して助け合い、日本人の和の力を発揮して切り抜けようとしている。それにもかかわらず、被災者を援けたこの自衛隊の役割については、ほとんど高い評価がなされていない。この大地震が天罰である、という政治家の発言が話題になったが、その意味は、あたかもこのなくてはならない自衛隊への無視に見られるような、戦後日本の偽善的な状態そのものへの天罰のような気がしてならない。民主主義をいいながら、改正さえままならない日本国憲法そのものの偽善が、時代に閉塞感をつくり出してきたのである。日本を取り囲む自然からの、日本人への痛撃である。

私たち日本人は、二十世紀末に崩壊した「社会主義、共産主義」の亡霊にまだ捉われすぎている。日本の戦後は、冷戦時代のアメリカという反ソ連の国の影響を受け過ぎた。この「反共」の国と称する大国と同盟を結んだおかげで、その国自身がかつては「容共」の国であったことを忘れてしまったのである。日本でも、政府が一度として本格的な社会主義政党に政権を奪われなかったことが要因となり、それ以前のアメリカが、どんなアメリカであったかを知らずにいた。実をいえば、その思想に染まっていたことを分析できなかったために、それに追従して全くおかしな日本になってしまったことに気が付かなかったのである。

これまでのGHQ関係の論考、ましてや「民主主義」の名を借りた「社会主義」志向の論壇、これは宮沢俊義、丸山眞男などの法学者の憲法の理想化現象が、むろん現代史にバイアスをかけられ戦後レジームをつくり上げたのである。しかし現実はそれと全く異なり、ある意味で捏造されたものであったのである。保守もまた現象だけにとらわれ、その批判ができなかった。憲法の本質を捉えきれず、単に憲法「お仕着せ」論に終始してきた。そこに流れる、崩壊したマルクス主義を捉えることができなかったのだ。

その歴史的な背景からの、「社会主義・共産主義」が、何の文化も生まなかったのを目のあたりにして、その不毛さ、残酷さに辟易してきた。現代でもその支持者の「権威主義」批判、少数派（マイノリティー）過大視によって、社会を混乱させ続けていることにもうんざりしている。さらに彼らの依拠する「リベラリズム」すなわち「近代」「自由主義」「個人主義」の虚構の思想が明らかに綻《ほころ》んでいることを批判する必要があると思う。それは人間にとって、決して豊かなこと、好ましいことではなかったのだ。「自由、平等、博愛」は、かえって「近代」以前にあったことを、「近代主義」「進歩主義」のバイアスを取った眼で見直さなければならない。それは「近代」主義者に対する、「歴史・保守」の立場を主張することにもなる。

私はここ二十年、日本文化史と現代史に取り組んでいる。しかしそれは、それ以前の三十年間に及ぶ、西洋三カ国（フランス、イタリア、ドイツ）への留学から得た知識と経験の上に立っている、と考えている（アメリカへの留学は二度機会があったが、結局断念した）。日本ではその分野だけ専門にしていることを誇る学者、評論家は多いが、私はその立場を取らない。ユダヤ人問題にしても、マルクス主義にしても、長いヨーロッパ生活を体験した立場から、自由な発想で批判できるからだ。

学生時代の安保騒動時期にマルクス主義の研究をしていたことと、昭和四十年（一九六五）以来の留学体験から、各地のユダヤ人に会ったり、「社会主義」下のソ連・東欧を見たりした結果である。何よりも、世界の文化史の比較検討が、文化の疲弊した現代批判の取り組みの糧となっている、と思っている。

さて本書では、各章で繰り返しOSS、フランクフルト学派について説明しているが、それを紹介しないと論がはじまらないからである。煩雑に感じられる読者もおられるであろう。しかし章ごとにそれぞれ異なる角度から述べており、まとめるにあたって割愛しなかった。各論文は重層的なものになっているはずで、話題を変えているからである。例えば憲法の問題も、第三章では社会主義思想から、第四章では成立過程から、第七章では個人の思想から述べているつもりである。この指摘で日本国憲法をどうしても改正しなくてはならぬ根拠ができたと考える。

各章は『正論』や『歴史通』などに載せたものが多いが、未発表のものもいくつかある。保守論壇でもまだこのニュースに戸惑う方が多く、ほとんどが原稿をもち込んだものである。編集者の理解と寛容をありがたく思っている。私のように戦後の知識人の左翼コンプレックスを早くから脱することができたのも、こうした言論界が一方にあったからである。

また、本書をまとめる機会をつくって下さった展転社に感謝したい。私の日本の文化史研究をこの出版社発売の、拓殖大学・日本文化研究所発行『新日本学』に連載させていただいているご縁である。

目　次

戦後日本を狂わせたＯＳＳ「日本計画」

第一章 現代史はルーズベルトの隠れ「社会主義」からはじまった

ルーズベルトは社会主義者であった

二十世紀の一大惨劇が「共産主義国の勃興と崩壊」のドラマであったことは周知のこととなった。そして最大の悲劇といえば、ひとしく「社会主義者」の名を冠した三人の政治家、ヒトラー、スターリン、毛沢東の独裁政治によって、数千万の多くの無辜の人々が殺されたことである。しかし歴史家としていわせてもらえば、それらに隠されているのが、隠れ「社会主義者」であったルーズベルトの下での蛮行である。そのひとつは、日本を戦争に引きずり込むことによって、日本を「社会主義化」しようとしたことである。それは広島、長崎への原爆投下を伴っていた。ここ二十年のアメリカ国立文書館から公開された史料はそのことを示している。

しかし結論は急がないことにしよう。日本にとって、このルーズベルト問題が重要なのは、まさに日本が真珠湾攻撃を行ったのが、この大統領の時代であり、敗戦に導かれたのもこの大統領の采配のもとであったことだ。彼が「太平洋戦争」をしかけ、戦後の「連合軍最高司令部ＧＨＱ」に指針を与えた「戦術局ＯＳＳ」を創設し、「リメンバー・パールハーバー」の下に、日本支配を図ったことや、ドイツに原爆を落とさず、日本に落とした元締めであったことを忘れてはならない。

しかし日本では、ルーズベルト大統領その人の功績とその評価は、すでにでき上がっているように見える。唯一、四選された大統領としてニューディール政策で大恐慌に対抗しそれを成功させ、第二次大戦では連合国の戦争指導者として勝利に導いたというものである。終戦を目前にして急逝したため、その車椅子の姿が逆に聖者のように見え、戦後、好印象を与えられている。この大統領の率いるアメリカに敗北したと考える日本人に、逆にその畏怖心を植え付けた。占領政策でも、アメリカ批判は一切禁じられていたこともあり、民主主義をもたらしたマッカーサー元帥の背後にいたすぐれたアメリカ大統領である、という「常識」として戦後ができ上がった。

しかし近現代史などというものは、まだ歴史家の党派性、イデオロギー性に依拠する世界であり、それによって評価は正反対になる。それだけに、一見、客観性を装って資料をもち出すものの、その結論は疑問の余地が常に存在する。その意味で、ルーズベルトの評価は決して「常識」ではあり得ない。というのも、戦後、「冷戦」がアメリカとソ連、自由主義国と共産主義国との対立の図式だけで見られ、党派性もそれに依拠していたため、アメリカ自身の、「冷戦」以前の世界までその眼で見てしまっているからである。彼はスターリンと同罪ではないか、という見方が糊塗されてしまったのである。

アメリカでもルーズベルトこそが、アメリカ大統領としてナチスのドイツ、「軍国主義」の日本と対立し、スターリンの社会主義と異なるニューディール政策を行った、という評価が成り立っている。さも「反・全体主義」の盟主のごとき立場にいたかのように思われてきた。彼は、戦後の民主主義の理念を与えた大統領として考えられていたのである。確かに彼は一九四一年に、世界秩序の柱として提唱した標語、「言論の自由、宗教の自由、欠乏からの自由、恐怖からの自由」といった、あたかも戦後の標語となった理念を打ち立てたと思われている。しかし端的にいえば、そこにはもともと、社会主義、ソ連との親密な関係のもとでつくられた面がカムフラージュされているのである。

彼の「自由」の観念は、実をいえば、ソ連の共産主義とそのマルクス主義が語るものと、同じことをいっているのを見逃してはならない。結局、前二項はお題目にすぎず、後の二つの「自由」は、資本主義がもたらす労働者、農民の「貧困」からの自由、その資本家階級の「恐怖」政治からの自由、と言葉を補えば、何のことはない、アメリカとロシアとの違いこそあれ、その理念は同じものであったのである。

ルーズベルトの思想がどんなものであったか、歴史家の中でも定説をみない。彼は思想家としては何も本を出さなかったし、日記の類も書かなかった。その演説や公式なメモ、親しい友人との間の会話を書きとめたものくらいしかない。しかし、多くの政治家もそうであるが、それにもかかわらず彼の政治家としての思想・行動は明らかなように見える。このルーズベルトが社会主義者でないというのは、彼がアメリカの大統領で、その地位の人がそのようであった、といい切るには相当勇気がいる。私は、かえってはじめから党派性がない門外漢の研究者であるが故に、客観的な判断ができるように思える。というのはその書き残されたものと、何よりも実際の政策から見ると、ほぼ明らかであるからだ。

まず書きとめられたものからいうと、ルーズベルトが社会主義者であったことは、《一九一七年のロシア革命における社会政策を百としたら、ニューディールがそのうちの五十位は実現したかもしれない》といっているように、自分で行っていることを、ロシア革命と同じものと見ていたことでも判断できる。また、スターリンを《共産主義者として考えるのは馬鹿げている。彼はただロシアの愛国者であるだけだ》と公言していたことも知られている。英国を除く全欧州がソ連の支配下に入ることさえ、認めていたのである。ヨーロッパの人々は、十年、二十年先に、ロシア人とうまくやっていけるようになるという希望をもって、ロシアの支配をただ甘受しなければならない、といっているのである（一九四三年九月スペルマン司教への言葉）。このような彼の発言が、彼の行動そのものの原理となっていることは、その政策からも窺える。

有名な一九二九年の恐慌の際にも、彼の施策の仕方にそのことが示されている。それまで、アメリカでは自由放任主義のもとで、千三百万人の失業者を生み出し、全米のあちこちにホームレスが放置されている現実があった。それに対しルーズベルト大統領は、三三年に「全国産業復興法（ＮＩＲＡ）」を施行し、大統領に権力を集中させ、その認可の下に各産業別に公正競争規約を制定し、資本主義の自由を縛った。さらにルーズベルトは、「農業調整法」を出した。これらは同業者の自由競争を排除する目的のものであり、政府が産業統制に合法的に乗り出そうとしたものにほかならない。

よく、ニューディール政策はケインズの政府介入の理論を実行した、といわれる。しかしその意味でいえば、ヒトラーの「公共優先」の経済政策こそ、その考え方に即したもので、ルーズベルトのそれは、もっと社会主義に近いものである。ケインズにはない、労働政策があるからである。労働者の団結権、団体交渉権、組合運動の自由の保障、最低労働条件の確保などがそこに含まれていた。最低賃金を規定し、労働者の団体交渉権を強引にみとめることにしたのである、資本主義を統制しながら、それに矛盾する労働者の権利を助長した社会主義的なこの手法は、ルーズベルトが本質において社会主義者であったことを明らかにしている。この労働者重視の社会主義的手法により、再建を図ろうとしたことに無理があった。

実をいえば、経済政策ではヒトラーは成功したが、ルーズベルトは失敗したのである。その政策は一九三五年頃から馬脚をあらわし、景気回復は幻想と化し、独占の強化、資本対立の激化、労働不安の拡大というふうに、アメリカ資本主義を根底から崩しはじめた。失業者の解決策のためにも、産業の復興のためにも、戦争をすることが唯一の解決策であるとして、大統領のオブセッションになったことは、簡単に見て取れる。

さすがにたまりかねた連邦最高裁は、一九三五年五月、遂に憲法違反の判決を下したのであった。ルーズベルトもこれ以上の社会主義的政策を続行するのを断念せざるを得なくなった。ニューディール政策は違憲である、と最高裁は判定を下したが、大統領は判事の任命権を利用して、最高裁にリベラル派と称する左派を支持させることによって、彼の失敗を糊塗していったのである。このような国家的破滅を導いたにもかかわらず、次の選挙では労働界の支持を得て、また選出された。

ルーズベルト大統領とハル国務長官のもとには、多くの社会主義者・共産主義者が集まった。ＭＩ５（英国保安機関）、ＭＩ６（英国秘密情報機関）の調査でもわかるように、ホワイトハウスと国務省では、百二十七名のコミュニストが執務にあたっていたといわれる。

ヤルタ協定を演出したアメリカの国連代表団の首席顧問、アルジャー・ヒスは、スターリンのスパイで、ルーズベルトのそばには、妻、エレノアのほか、大勢の共産主義者がいた。取り巻きにスパイがいたのではなく、ルーズベルト本人がスターリンのいいなりになる社会主義者のようなものであったのだ。

「ヴェノナ文書」といわれる記録でも明らかなように、例えばハリー・デクスター・ホワイトとロークリン・カリーは、ルーズベルト大統領の政策決定に大きな力をもっていた。ホワイトは、ルーズベルトが信頼するモーゲンソー財務長官の片腕として、一九四一年当時は筆頭次官補、一九四五年には次官にまで昇進している。一方のカリーは、中国問題担当の大統領特別補佐官として、蔣介石とも密接な関係をもっていたといわれる。戦後マッカーシーの米国上院政府機能審査小委員会で、ホワイト財務次官補とカリー大統領補佐官がソ連のスパイであったことが判明するまで、アメリカ政府は二人に重要なポストを与え、彼らも善良で愛国的な高級官僚としてふるまっていたのである。

これらのソ連スパイたちが、ニューディール時代の参画者であったことが、この政策の本質を示している。戦後、民主党大統領から共和党に代わり、マッカーシーの「非米活動」キャンペーンで議会の特別委員会が開かれ、さらに多くのスパイたちが指弾された。社会から追放されたものが多かったのも、いかにルーズベルト時代がソ連寄りの共産主義的なものであったことかをよく示している。異常な時代であったのである。

私が社会主義者とか、共産主義者という言葉を同時に使っているのは、共産党の共産主義者とドイツのフランクフルト学派の流れの社会主義者を区別しているからである。ナチス政権下のホロコーストを避けてニューヨークにやってきたフランクフルト学派（そのほとんどがユダヤ人であった）は、アメリカで大半が受け入れられ、「亡命大学」といわれ「新社会調査学院」と呼ばれた施設で、三八年から四五年まで活動した。ホルクハイマーやマルクーゼらドイツ・オーストリアの左翼マルクス主義学者を受け入れたが、彼らは「批判理論」などによって現代そのものを批判し、将来の共産主義に備える、二段階革命を構想していた。このことにより、社会主義者と呼んで区別した方がよいからである。まさにその時期がルーズベルト大統領の時代であったのだ。

ルーズベルトが将来に革命が起こり、ソ連のようになることを望んでいたことは、ソ連を理想化し、その政策に賛成していたことでもわかる。彼が戦勝国で国際秩序をつくり上げる国際連合にソ連の同意を得る見返りとして、ポーランドやバルト三国をソ連支配下におくことを許し、ヤルタ秘密協定で満洲の権益や南樺太、北方領土を与える約束をしている。スターリンは、ルーズベルトから数多くの利益を得ているのに、ルーズベルトの方はスターリンから何ひとつ与えられていない。この事実は、大統領にソ連共産主義が国同士の外交関係以上に理想として見えたからに違いない。

ルーズベルトがソ連寄り社会主義者であることをチャーチルも知っていた。トルーマンは副大統領になった直後、チャーチルからルーズベルトがスターリンと交わした密約を暴露する書簡を受け取っている。そこでは、チャーチルが戦後、スターリンのソ連圏には「鉄のカーテンが下ろされている」というソ連の閉鎖性への非難の言葉を、すでにトルーマンに使っている。しかしルーズベルトが、そのことに同意しないことをチャーチルは知っていたのである。

ユダヤ系であることの意味

ルーズベルト大統領がユダヤ人の後裔であったことは意外と知られていない。このことが重要なのは、別に反ユダヤ主義という偏見からではない。日本人にはそのような偏見はない。それは、マルクスがユダヤ人であること、ソ連「社会主義革命」が起きたとき、その共産党中央の三分の二をユダヤ人が占めていた、ということに示唆される。彼らは革命化を志向していることである。その根底にあるユダヤ人であるという意識は、他民族の人々には窺い知れない。ユダヤ人は少数派で、西欧民族に圧迫された歴史をもっている。彼らの強い被害者意識は、それによってすべての知的判断の在り方にかかわってくるのである。島国の単一民族の日本人には容易に判断できないことだが、彼らのこの孤立意識ほど社会主義、共産主義形成にとって重要なものはない。ただその深い関連性を全面的に外に明らかにすることはなかなかしない。ましてや大統領のような地位になると、一切口にしない。ユダヤ人であることも、彼のような表面的には改宗したものとなると口を固く閉ざすことになる。ルーズベルトの場合はその例である。

ルーズベルト大統領の家系のルーツを調べてみると、祖先は十七世紀の末葉、オランダにいたユダヤ人 Claes Martenzan van Rosenvelt であることがわかる。このローゼンフェルト家の先祖は異教徒審問中、スペインから亡命したユダヤ人の一群に属し、ローゼンカンポと称されていた。その後、この一群のユダヤ人は欧州各地に分散していくが、彼らは Rosenberg,Rosenbaum, Rosenbarium, Rosenvelt,Rosenberg などと名乗っていた。この中で、ヤコブス・ローズベルトがオランダに定住し、この一家のみが改宗したのである。ユダヤ人であることの証は、ユダヤ教徒であることだ、という規定を一旦離れているから、彼をユダヤ人といわない。そしてこの一家は一六四九年、オランダから当時、ニューアムステルダムと呼ばれていたニューヨークに移住している。一六八二年にクラエス・マルテンザン・ローズベルトはジャネツェ・サミュエルズと結婚している。彼がユダヤ人の系統であることは、日本ではほとんど知られていないが、口述ではルーズベルト自身がニューヨーク・タイムズで、自らユダヤ人の末裔である、ということを語っているのである（一九三五年三月十四日書翰引用）。

彼が大統領に選ばれたとき、全米のユダヤ系市民から「モーゼの再来」として秘かに尊敬を受けていたことは、その方面の人々に知られていることである。むろん彼は選挙公約で、ある移民系だけの利益になることはしないと約束している。しかし彼が当選すると、なぜか彼の生みの親、ゼールス・ルーズベルト夫人にユダヤ憲章（ジューイッシュ・メダル）が贈られ、ニューヨークユダヤ協会の名誉会員に推薦されているのである。その祝賀会会場で、当時のニューヨークのユダヤ人市長ラガーティアが、全ユダヤ人の名において金牌を贈与したという事実があるのだ（モルデカイ・モーゼ『日本人に謝りたい』日新報道、一九七九）。

それに対して、母親は金一封を謝礼として寄付した。さらにシオン組合の前会長ルイス・リブスキーは同夫人に、アメリカの勇敢なる指導者を生んだことに讃辞を捧げ、会長のマイロン・ザルツバーガーは、夫人が米国の母であるばかりでなく、世界の母となることを望んでいる、と述べていたのである。三三年にメダルが鋳造されたが、それは表面にルーズベルト、裏面にはダビデの星が刻まれている。彼がユダヤ人の支援を受けていたことは明らかである。

彼のブレーンが、ユダヤ人かその関係者であったことも知られている。ハル国務長官自身はユダヤ人ではなかったが、その夫人はユダヤ人である。日本の栗栖駐米大使がそのことを述べている。財務長官のモーゲンソーはユダヤ人である。戦後処理を含めて対独強硬策を出したのが、この長官であった。労働長官のバーキンス女史はロシア系ユダヤ人で、労働者に団結権を与え、階級闘争を激化する要因を作ったのはこの長官であった。

もともとユダヤ人がアメリカ社会の少数派として、自民族の安全と利益を考えるとき、国家全体よりも社会の少数派の利益を追求する姿勢をもつことは、ある意味では当然であろう。そこに正義の道を主張するとなると、当然、少数派絶対主義の理論を構築しなければならない。少数の弱者、貧窮者、労働者の主張を全面に押し出す「社会主義理論」はまさにそこから生まれる必然性があったのである。むろんすべてのユダヤ人がそうだというのではない。彼らの活発な批判精神は、それに対する批判勢力も生んでいる。とくにイスラエルという国家が生まれた後、ある意味では彼らは混乱してしまった、といってもよい。

ルーズベルト大統領を補佐したさまざまな人物にユダヤ人が多かったことも、彼らの思想が広まる要因ともなった。例えば先ほど述べた、彼によって指名された最高裁判事のフェリックス・フランクフルターがそうである。ウィーンに生まれ、十二歳で渡米し、ハーバード大学で法学士となり、同大学の教授となり、一九三九年に最高裁判事となった人物である。リベラル派のように見えるが、社会主義者であることは、当時の多くの人々からこの人物の判事就任に反対する声が多かったことでも知られる。最高裁判事の九人のうち二人がユダヤ人であったことは、ルーズベルト大統領の指名があったからである。もう一人のユダヤ人判事は、実に全世界シオン賢人会の会員であった。日本の憲法の事実上の草案作成者であるケーディスはこれら二人のユダヤ人法学者の弟子であったことに注目しなければならない。

彼らが反ドイツ、反ヒトラーという口実の下で社会主義政策を実行していく、という傾向には顕著なものがあった。ドイツの「反ユダヤ主義」に対抗し、それを徹底的に叩くことを望んだのは、ルーズベルト自身が隠れユダヤ人であったことが強い影響を与えたのは確かである。

このことは、一九四一年十二月九日、すなわち日本軍の「真珠湾攻撃」の日の翌日、ラジオ放送で次のようにいっていたことでも理解できる。

《ドイツおよびイタリアは、正式に「宣戦布告」をしないまま、合衆国との交戦体制にあると考えました。また、私たちは、ドイツと日本が合同計画によって、海軍の作戦演習をおこなっていることも知っています。……さらに皆さんの政府は、ドイツが日本に対して合衆国を攻撃すれば、和平交渉の際には利権を分け合うともちかけ、日本は参戦することによって、太平洋地域全体の支配権を受け取ることを確約されました。つまり、極東のみならず太平洋および南アメリカの各諸島に至る……》。

これはユダヤ人にとって絶対悪と化したドイツ・ナチスと同盟を結んだ日本の海軍をも、ドイツ軍が支持していることをことさら強調して「反日」を煽っているのである。別に日本とドイツが合同演習をしたわけではない。ただ、これまでは、この指摘を日本人解釈者の多くは、日本が真珠湾攻撃ができるほど能力があるとは思っていなかったからドイツ人が支援した、と思ったからだろうと解釈してきた。しかし後にいうように、ルーズベルトはこの攻撃を知っていたのであり、ドイツの名を出したのは、その「反ユダヤ主義」の同盟者である日本だ、ということを強調したかったから、と取る方が妥当である。

彼にとっては、ホロコーストを起こしたドイツ・ナチスが主要な敵であり、日本がその同盟国であることが、敵とするのに必要であったのである。むろん一方では、日本は社会主義に無関心で、天皇を戴く「封建主義」の国であり、その日本を壊滅させ、「社会主義」国にする、という意志があったのである。それと同時に彼が人種差別主義者であったことも十分指摘できる。

《日本人のような野蛮な人種をなくすためには、極東でヨーロッパ人とアジア人種の交配を促進してはどうか。日本人の侵略行動は、おそらく頭蓋骨が白人に比べて未発達であるからだ》（一九四二年八月六日、イギリス公使キャンベルとの対話）

全く知性を欠いた発言だが、政治家というものはこの程度だ、ということもできる。彼は日本人をすでに強制収容所に送ることを構想していたのである。戦争がはじまるとすぐに、日系人を砂漠の金網の中に閉じ込めた。同じ敵国人であってもドイツ系、イタリア系米国人が、強制収容所に入れられることがなかったのと対照的である。米国にいる独・伊の人々に対しては日本人ほど反感はなかった。

むろん日本の伸長に脅威を感じていたのはルーズベルトだけではなかった。アメリカには「黄禍論」があり、とくに日露戦争以後、強まっていた。ルーズベルトは第一次大戦の指導者ウッドロー・ウィルソン大統領のもとで海軍次官補をつとめていた。日本の「対華二十一箇条」の要求やドイツ領南洋諸島の領有、山東におけるドイツ権益の継承問題などに不信感を抱き、反日の観念を強めていったと考えられる。

ルーズベルトの母の家は、中国貿易で財をなしていた。そのこともあって、中国には親近感を抱いていた一方で、日本が満洲国を建国して仏印へ進駐するに及んで、夜も眠れないほど日本に反感を抱いていたといわれる。確かに日本は、ユーラシア大陸に満洲という大国をつくり上げ、欧州列強の占有地域であったアジアの解放を計画していた（そのように英米には見えた）。その勢力範囲が、満洲と朝鮮半島、蔣介石に取って代わる汪兆銘の支那、南方諸国からフィリピン、太平洋全域へ広がると、アジアに大英帝国に取って代わる「日本帝国」が生まれることになる。イギリスのチャーチルはそれをルーズベルトにしきりにいい募っていた。一九四一年、チャーチルがニューファンドランド島沖に停泊中のプリンス・オヴ・ウェールズに招聘《しょうへい》して発した「米英共同声明（大西洋憲章）」は、そのような日本に対する共同戦線を組んだものといってよい。日本に対する警戒心は、当然、軍事的な勝利以外によっては解決しない、と考えたのである。日本が到底受け入れられない、ホワイト案のハル・ノートをつきつけるのは、その米英共同声明の三カ月後のことである。

ややや複雑なのは、ルーズベルトはユダヤ人の係累を引くものとしてナチスを憎んだが、決してドイツ人を憎んだわけではないということである。憎んだのは日本人に対してであった。これは日本が真珠湾攻撃をしなければ、欧州戦線に参入することがなかったかもしれないことでもわかる。原爆をつくろうとする「マンハッタン計画」も、もともとドイツの原爆開発に対抗するためのものであったが、ルーズベルトはドイツではなく、日本十八都市への原爆投下命令書の方にだけサインをすることになる。空爆もドイツには工業施設へ限定したのに対し、日本には民間人をも巻き込む無差別爆撃（ジェノサイド）であったことは、公然たる事実である。

日本をいかに戦争に引き込むか

経済的施策状態では失業者問題を解決できず、産業も軍事産業以外には活路がなかった。しかし米国みずから戦争を行うことは、選挙での公約上できなかった。アメリカ人たちは、他国の戦争で死ぬなどということは、思いもしなかったからである。

アメリカは孤立主義を採っていた。第一次大戦後、ウィルソン大統領自身、自分が構想したベルサイユ条約と国際連盟にも参加しなかったし、一九三〇年代の大統領はみな他国の戦争には無関心を装った。一九三三年に大統領になったルーズベルト大統領もその外交政策を続け、三五年に「中立法」を採択し、その後も再三にわたってこれを強化しようとした。同法により、米国政府は欧州やアジアの国際紛争に関与すべきではない、という立場が公的にも再確認されていたのである。

しかし今日、アメリカの方から日本への先制攻撃の計画があったことが明らかにされている。むろんこれについては論争が行われてきたが、今回、あらたな証拠を提出しよう（最近の須藤眞志氏の『真珠湾「奇襲」論争』などはそれに否定的であるが、この本自体が最初からその論を「修正主義」として党派的に排除して、ルーズベルトを擁護している）。

一九四〇年十一月以来、ルーズベルト大統領は内部閣僚とアメリカ軍部、そして中国政府と協力して、日本を空襲することとの是非を検討していた。討議の対象となったのは、日本空爆のために中国東部の秘密基地に配備された「空の要塞」と呼ばれた「ボーイングB17」爆撃機を提供してほしい、という中国政府からアメリカ政府への要請だった。シェーノルトが率いて、そこから発進することになっていたこの計画は、当初陸軍参謀総長ジョージ・C・マーシャル将軍の要望で棚上げされた。しかし、日本による真珠湾攻撃の半年以上も前の一九四一年春に再び検討されることになったのである。

さらに一九四一年七月、航続距離の長い爆撃機で日本本土を直接攻撃するプランを推進し、その爆撃計画「JB～355」にはルーズベルト大統領がサインをしている。それがソ連スパイであった大統領補佐官ロークリン・カリーの提案であったことは、ソ連もまた日本攻撃をねらっていたことになる。

そのために「武器貸与法」という法律を日米開戦の前に成立させていた。それは、アメリカの参戦をあたかも予知していたような法律であった。成立後、アメリカはこの法律により、共産国ソ連に対して莫大な援助を惜しまなかった。元来、ソ連は日本と中立条約があり、少なくとも極東地域では米国の軍事援助は受けられないはずであったが、ルーズベルトはそれを犯して援助したのである。

この「武器貸与法」の目的は大統領が国民に直接訴えて戦時国債を売り、集めた数百億ドルを原資にして、敵と戦う国に軍事援助を与えるものであった。ケインズがイギリス代表としてハル国務長官に会った、というのもその交渉のためである。

この交渉の最中、真珠湾攻撃がなされたのである。チャーチルはこの攻撃に感喜した。これでアメリカが参戦することが決まったからである。だが、日本軍はシンガポールを占領し、英国の誇る戦艦プリンス・オヴ・ウェールズを撃沈した。アジア撤退を余儀なくされた英国は、市場開放を迫られ、それと同時に海軍もその経済も、世界の主役の座をアメリカに譲り渡した、とよくいわれている。

アメリカの日本爆撃計画をマーシャルが止めたとき、ルーズベルトは日本の真珠湾攻撃をすでに知っていた。実をいえば、日本の真珠湾攻撃は、すでに一年程前の一九四一年の一月二十七日の段階で、すでに知られていたという事実がエマーソンの記述で判明している。それをここで提示しよう。

一九四一年《一月二七日、ペルー公使のリカルト・リヴィエラ・シュライバーが、日本は日米間有事の際にはパール・ハーバーに大奇襲攻撃をかける計画をたてているという噂を耳にしたと米国大使館に耳打ちした。これは、われわれ館員には途方もない話に思われたが、グルーは真剣に受けとめ、ワシントンに電報した。われわれは特に不安になりはしなかった。グルーが日記に記しているように、「ハワイのわが将兵はまさか眠っていることもあるまい」というわけである。この年十月にホノルルに立ち寄ったとき、私は、大使館からの電報を受け取ってからオアフ島周辺の偵察哨戒飛行が強化されたということを聞いた》という（ジョン・エマーソン『嵐のなかの外交官』昭和五十四年）。

このシュライバーが八年後により詳しくその情報源を語っている。

《部下が興奮した様子で自分のところにやって来て、日本は戦争を始めようとしており、「太平洋の真ん中で」米艦隊を壊滅させようとしていると告げたという。部下の情報源は横浜のペルー領事館の日本人通訳であった。シュライバーはその後、東京帝国大学の吉田という教授から、山本五十六提督が真珠湾で米艦隊を攻撃する計画を作成しており、そういう作戦の準備としての演習が現に行われているということを聞いた。シュライバー公使は急いでグルー大使に会う約束をとりつけ、聞き込んだ噂をこと細かに伝えたが、「私が明らかにした情報の重大性は米国の外交官にぴんときて、彼はただちにルーズベルト大統領に電報を打った」という。当時の記録では、この通報を受けたのはグルー自身ではなく、大使館の一人であった》という。

この情報が、いろいろな伝聞のひとつであったので、ルーズベルト大統領もその側近もあまり注意を払わなかった、と否定論者はいうであろう。確かに《われわれは今では、山本提督が一九四〇年十二月の真珠湾空襲の研究を要請したことを知っているので、われわれはこの噂をもっと真剣に考えるべきであった、と反省している》と外交筋は語っていた。そのような情報はグルーさえ知っていたのだから大した情報ではない、と。しかしこうした情報が無視されたように見えるのは、それをアメリカ側がすでに知っていたからだ、と取れば別の意味をもつ。

日本側では、この襲撃の提案を海軍の司令部が最初に退けていた。この構想を充実発展させた大西瀧次郎提督自身が、一九四一年十月までは断念するよう山本の説得につとめていたのである。しかし山本五十六の方は、態度を変えなかった。

実をいえば、アメリカではこの真珠湾攻撃を知っていた、という事実に加えて、すでにその攻撃をさせる、という構図をはるか前からルーズベルト大統領がつくっていたことを、次のアメリカの書物が伝えていた。この書物はその後、周囲の意向で、日本で発行されることを拒否されていたものである。

その本はチャールス・A・ビアード（一八七六〜一九四八）の『ルーズベルト大統領と一九四一年の戦争の到来』（一九四八）という書物で、二〇一二年になってやっと発行されたが、まだ分析されていない。むろんその本自体は知られている。アメリカでこの篤実な歴史家が、アメリカを批判する本を出したというので評判となったから、日本でも関心をもたれた。しかし出版社と遺族が、日本での影響を慮って邦訳を拒否しているため、日本に読者が少なく、専門家でさえ読んでおらず、立ち入って内容に触れていない。

ここで、この本の秘かに和訳された私家版で、その内容をやや詳しく紹介しておこう。

ルーズベルトは大統領としてアメリカ国民に対しては、対外戦争に不参加を表明し、それによって選挙でも勝利していたが、実をいえば早くからその挑発を秘かに行い、戦争に介入することを望んでいたのだ、というのがビアードの見解であり、そのことにより、この書物はアメリカでは支持されなかった。しかしイギリスのオックスフォード大学で学んだこの歴史家は、『基礎アメリカ歴史』などの著者として、広汎なアメリカ史に関するコロンビア大学の専門家であった。その観察は鋭く、その記述は客観的であり、とくに一九四八年という戦中の動きがまだまだ生々しく残る時期に書かれただけに、現代でも無視されるべきものではない記録となっている。

彼は第二次世界大戦は日本やドイツに非があるのではなく、ルーズベルト大統領にある、というアメリカでは例外的な見解を示している。これは私がこれまで述べてきた歴史観と一致するものである。

同著ではルーズベルトが対日戦争を考えはじめたのは一九三八年のミュンヘン会談でのことであったと指摘している。中立と孤立主義からの離脱は、三七年十月の演説にすでに示され、戦線を拡大することを示唆していた。一九三九年八月にヒトラーとスターリンの協定のニュースの後を受けて、欧州戦線にアメリカが加わることが必要だと考えていたはずだ、と述べている。一九四〇年十月八日、大統領はすでに日本との戦争の可能性に言及しており、国内的にそれを否定していることと、裏腹の発言があったと記している。

このとき、大統領は奇妙なことをいっているという。ホワイトハウスでの会談で、ある大将（リチャードソン）が《私はハワイ派遣艦隊を除く、全艦隊を大西洋岸に帰還せしめるという問題を取り上げた》ときに、大統領は《日本の行動に牽制する影響を及ぼす為に、艦隊をハワイに停め置かれる》と言明していた、という。さらに《もし日本がタイ或いはタラ地峡、オランダ領東インドを攻撃しても我々は戦争を始めないこと、もし日本がフィリッピンを攻撃しても、我々が戦争を始めるか否かを自分は疑っていること、しかし日本は常に誤りを避けることはできないのであろうし、また戦争が長引き作戦地域が広がれば、日本は誤りを犯し、かくて我々が戦争を始めるようになるであろう》と答えたという。

この発言は、日本の一九四一年七月の南部仏印進駐があっても、アメリカが参戦しなかったことに符合するし、ハワイに艦隊を停め置き、そこを攻撃させる算段であることを示唆していることになる。《日本が誤りを犯し》という言葉は、はじめから勝ち目がない戦争にわざわざ参戦すること自体を、誤りと考えていることであろう。そのような「誤り」をどのように「犯す」ようにさせるかを、大統領とその側近が考えていたことになるのである。《もし日本人が誤りを犯して米国の世論を怒らしめたならば、我々は戦争をするだろう》と注意深く答えたと記している。

すでに日本の真珠湾攻撃の一年以上前に、このように大統領が発言していたことは、重大である。つまり私が引用したように、米外交官エマーソンがペルー大使館で聞いた、四一年一月の段階で知られていたことは、外交筋には既知のものであったことになる。ビアードはこの本で、リチャードソン大将がそれより以前、《対日戦が一九四〇年一〇月にルーズベルト大統領により予測されていたこと、及び、このことは、海軍の元来の戦争計画が基礎にしていたところの政府の戦争に関する政策上に大転換のあることを意味していたと、確信した》と述べているのである。

この経緯は一九四一年十一月二十五日、大統領、ハル国務長官、スチムソン陸軍及びノックス海軍の各長官、マーシャル大将、スターク海軍大将の会談（戦争内閣）が開かれたとき、大統領は次の日曜日、即ち十二月一日頃、アメリカが日本により攻撃されるらしいという予想を取り上げた、ということでも確認されよう。日本をして最初に射撃を開始せざるを得ないようにし、固唾《かたず》を呑んで見つめていたのである。

そして十二月七日午後二時頃、大統領から日本軍の真珠湾攻撃に関して聞いた後、スチムソンは『日記』中、《今や日本人はハワイで我々を攻撃することにより、問題全部を解決した……。私の最初の感じは、無決定状態が終わったという救われた感じと、全国民を統一するような来方で、危険が来た、ということにある》と述べているのである。

いずれにせよビアードの結論は、《大統領は、米国に対する他国の戦争行為が、実際には彼の指令下に米軍隊によって秘密裡に誘起せしめられ且つ始められさえした時においても、米国に対する戦争行為がその他の国から行われたと、議会と国民に対して公に伝えた》というものである。《戦争内閣の一員として、マーシャル将軍は、日本をして第一弾を発射せしむるように〝策動する〟仕事に参加した。議会委員会の証言において、マーシャルは、この策動は本質的には外交的であったと主張したが、戦争計画と武力の根拠なき外交的策謀は馬鹿げたものであり、また、このことが、彼がスタークと協同して大統領と戦争内閣に提出した十一月五日と二十七日の戦争勧告の基礎をなしていたことをよく知っていた》。

このプロセスを議会の査問委員会などの証言をもとに明らかにしたのがビアードの手法であった。そして最後に《この過程において、米共和国は歴史上、米大統領は外交政策、外交問題及び軍事力を秘密裡にコントロールしつつ公には偽りを伝えるという無制限の権力をもつという理論に到達したのである》と述べる。

日本では、真珠湾奇襲は山本五十六の独断といわれている。一九四一年一月七日、山本連合艦隊司令長官は及川海相に手紙を送り、この作戦について司令部での計画を進めた。はじめ軍司令部はこれに賛意を表さなかったが、その強い要請により図上演習で研究をし、その作戦の特別図演が海軍大学校や直接関係者によって密かに行われた。しかしすでに一月の段階でこの攻撃が知られていたことは、スパイがおりそれが漏れたことでもある。または米国側に、山本にこれを示唆した者がいたということである。

山本がすでにその七年前の一九三四年の九月の段階から、ハワイ攻撃を口にしていたことは、斎藤博駐米大使との対話記録に残されている。《俺も軍人だからね。「どうしてもアメリカとやれ」といわれれば、アメリカともやってごらんにいれたいね。……俺の夢なんだからね。空母十隻、航空機八百機を準備する。それだけで「真珠湾」と「マニラ」を空襲し、太平洋艦隊とアジア艦隊をつぶすことは確実にできるんだよ》《少なくとも一年間は、太平洋にアメリカの船と飛行機が存在しないってわけさ。それだけの「戦争」はやって見せる》（春山和典『ワシントンの櫻の下』さがみや書店、昭和五十八年）。それを知っていた米国側が、そこから作戦を立てていくのは当然考えられることである。相手がアメリカにいた駐米大使である。アメリカの諜報機関が逃すはずはない。

こうした不用意な発言がすでになされていたことが、それから六年の歳月の中でアメリカ側に伝わったことは明らかである。少なくともエマーソンの知った一九四一年一月七日の時点まで、日本では真珠湾奇襲が海軍内で広く噂されるようになっていた。米国のグルー大使は、まさしくこの一月中にその情報を入手し、米国政府に打電していた（一月二十七日付のその電報がある）。四月頃には、海軍において、「公然の最高機密」になっていたから、海軍の機密管理がいかに怪しいものであったかがわかる。敵が知っていたことを察知できなかったからである。

ビアードの著述によっても、そのような漏洩によりルーズベルトの知るところとなったことは、十分推測できる。それを誰が伝えたかを追及することもできないほど、すでに一九四〇年の段階で、大統領にも知られる程度の杜撰さであったかがわかる。

つまり真珠湾を攻撃させることをアメリカは黙認し、知らないふりをしていたのである。この特殊な作戦を成功させれば、それによってそれまで不戦の雰囲気を強めていた米国世論を、この卑劣なやり方で攻撃されたと宣伝することができる。この作戦は山本五十六、黒島亀人、大西瀧次郎、源田実の四人によって実現されたが、しかし、彼らはそれを認識できなかったことになる。

皮肉なことに日本においては、この真珠湾攻撃の秘密は海軍内だけで留まり、ほかに知られなかった。時の総理大臣東條英機がそれを知ったのは十二月一日の御前会議の直前、杉山元《はじめ》陸軍参謀総長から耳打ちをされたときであったという。東條は戦争を避けようとしてきたこともあって、知らされなかったのであろう。確かに十一月十五日の大本営政府連絡会議では、南方作戦が一段落の後はインド洋の制圧を構想していたのであった。このことから、東條にとっては《話が違う》ものであったのだ。開戦前夜、東條は自室で慟哭《どうこく》した、と伝えられている。むろんこれは重くのしかかった戦争遂行の責任からだけでなく、重大な作戦をそれまで伝えられなかった屈辱感があったからだろう。陸軍主導であった戦争が、海軍に先行される、ということもその中にあったに違いない。

確かにハル・ノートは最後通牒となった。すでに知られているように、ハル・ノートは二つ存在した。

ソ連スパイであったハリー・D・ホワイト財務次官補が書いた「一般案」という強硬案と、コーデル・ハル国務長官の書いた「暫定案」といわれた妥協的な内容のものである。なぜルーズベルトが日本に通告したのがこの絶対呑めない強硬案であったかは、おのずから明らかである。真珠湾攻撃を知っていた大統領にとっては、ここで日本に引かれては戦争に引き込むことができなくなってしまう。いみじくもルーズベルトが、ホワイト作成の「ハル・ノート」を日本に渡せといったとき、こういうことをいっていたという。We shoud maneuvre them into the position of firing the first shot.（我々は、日本をして最初の一発を撃たせるのだ）と。

ソ連もまた、アメリカが戦争に介入することを望んでいた。「武器貸与法」は、まさにソ連にとって対独戦を有利に導くための大きな援助であったからである。ソ連スパイのホワイトもまたほくそ笑んでいた、と見られる。

日本を戦争にいかに引き出すか、この大統領の大きな政策がまんまと成功したのである。それも宣戦布告なしの奇襲として、輪をかけて日本に対する復讐心を高めることになった。宣戦布告を伝えるべき野村大使が、友人の葬式で大使館に帰るのが遅かったおかげである。しかも電報をタイプライターで移すのに時間がかかり、ハル長官に渡すのが一時間遅れたのであった。一時間だけであったが、宣戦布告なしの奇襲として、日本が常に卑怯者の汚名を着せられるもとになった。

アメリカが黙認した事実として、真珠湾攻撃を受けてもその打撃は大きくなかった、ということも挙げられる。確かに当時の日本では、朝日新聞が書いたように《米海軍に致命的大鉄槌、戦艦六隻を轟沈大破す　航母一隻、大巡四隻をも撃破》（十二月九日）と述べられ、大成功と報道された。しかし実態は、破壊できたのは戦艦が二隻であり、ほかはほとんどサルベージされ修理されて、戦線に復帰した。太平洋艦隊の空母三隻の一隻も撃沈させていなかったし、ハワイにあった石油タンク群（四百万バレルといわれた）と巨大な海軍工廠も破壊していない。

もうひとつは、真珠湾攻撃をやったときに、なぜ第三次攻撃がなされなかったか、という問題がある。戦後、ニミッツの回顧録がでたが、その中で《あの真珠湾攻撃のときに石油タンクに爆弾を落とされていたら、アメリカは半年以上動けなかった》と述懐した。実際、第四次攻撃も却下されている。もしも山本五十六らの指導陣が熟慮したのなら、海軍工廠と石油タンクを爆破することも考えておくはずであろう。その爆破は、後の戦況に大きな影響を与えたはずだからである。おそらく翌年五月のドーリットル空襲ができず、それがなければ日本はミッドウェイ海戦にも破れることはなかった。

しかしルーズベルト大統領がこのとき、真珠湾の奇襲を受けたことを「恥ずべき行為」infamy と述べたことも確かである。すぐに議会でも調査委員会が開かれ、その司令官二人が責任回避で非難された。戦後ルーズベルトは、米国民のモンロー主義（不介入主義）の世論を転換させるべく、日本のハワイ奇襲を知りながらこれを現地の軍司令官に知らせず、あろうことか自国の将兵の生命の被害拡大化を図ったことを逆に批判されたのである。

この真珠湾でも確かに二千有余人の兵士を失ったが、第二次世界大戦でヨーロッパで死んだアメリカの兵隊の数は七万人、太平洋では五十万人死んでいることは、まさにルーズベルトの責任といってよい。アメリカにとっては、ドイツよりもはるかに日本と戦ったことが重荷となったのである。ルーズベルトは「マンハッタン計画」を支持したが、この恐るべき武器も彼の方針を実現するためのものとなった。原爆をアメリカ軍が日本にのみ落としたことについても、その重荷が理由のひとつであったことを見逃すわけにはいかない。

ルーズベルトが日本に最初の攻撃をさせ、アメリカ国民を戦争に導いたこと。そしてそれだけでなく、彼自身が社会主義者であり、人種差別論者であったことは、日本の「社会主義化」がひとつの大きな課題であったことを意味する。その意図は日米戦争の勝敗の帰趨の中に埋没されたかに見えたが、ルーズベルト歿後、占領の段階ではっきり表れてきた。「社会主義化」政策といえる公職追放、神道指令、財閥解体、日本国憲法制定、東京裁判の一連の施策で、それが実現されていったのである。

むろん周知のとおり、ソ連との対立がはじまった後、ルーズベルトの政策は否定され、米国自身が転換した。その下にいたマッカーサーの方針変更により、ルーズベルトの意図は挫折せざるを得なかった。しかしそれは戦後二年間の「革命」同様の変革により、今日まで憲法を中心に留まり続けた。まだ、日本は「社会主義化」の範疇の中に置かれ、薄まったとはいえ、けっしてそれが消え去ったわけではない。しかし日本の伝統と文化は強く、日本を覆すことはなかった。

ただ政府による日本国憲法の改定放置によって、その危険性は部分的に常に残されている。私はここで部分的といったが、この部分が戦後、大学、メディアの日本の知的部分に残り、そこから発する少数派の「社会主義」思想が、官僚や会社の指導層に残存し続けたのである。このことは、日本の大きな弱点となった。しかし、二十世紀は過ぎた。ルーズベルトの時代ははるか遠くになったのである。

第二章　アメリカOSSの「日本計画」

『正論』平成十八年十月号「戦後日本は『隠れマルクス主義』によって作られた」改題

明らかになったアメリカの対日戦後政策

最近、新たにアメリカで多くの大東亜戦争時代の対日関係史料調査が解禁となり、日本国憲法を含めて戦後日本をアメリカ政府がいかにつくろうとしたか、より明確になってきた。私は戦後日本の思想界やメディアを支配するフランクフルト学派（隠れマルクス主義）の問題を取り上げ、彼らがまさに戦中のアメリカの戦略として戦後の日本をつくり上げた、という確証をつかんだ。アメリカでの学会の帰り、ワシントンで国立公文書館に立ち寄り、戦後の日本の在り方を決める史料を確認する機会をつくったのも、そのためであった。

いまだにアメリカの日本研究が、ほとんどマルクス主義という時代遅れのイデオロギーによってなされている、と聞くと日本人は驚くかもしれない。マルクス主義に支配されたソ連と反対の自由主義を謳歌したアメリカであるから、歴史家も自由な立場にあるに違いないと思いがちである。例えば全米の読者が読むピュリツァー賞を取ったりすると、まるでアカデミー賞を取った映画と同じで、アメリカ的な自由主義で書かれたものであろうと思ってしまう。ところがそれがとんでもない間違いを起こすのである。

日本でもよく読まれたW・ダワーの『敗北を抱きしめて』やH・P・ビックスの『昭和天皇』などが、ジャーナリズムに貢献したことでピュリツァー賞を受けている、とこれらアメリカ人学者に感心する日本人もいたかもしれない。しかしその著者がいずれもマルクス主義信奉者である、と聞くと意外と思えるだろう。自由な国、アメリカの歴史家やジャーナリストたちが、一貫して隠れマルクス主義の伝統の中にいることはあまり知られていない。「隠れ」といったのは、これが旧ソ連的マルクス主義と異なる、新たな構造改革主義的マルクス主義であるからだ。この内容については後に述べよう。歴史を語るということは、必ずそこにあるイデオロギーによる歴史観がないと書かれないということを、日本人はなかなか理解できないでいる。

若い優秀な日本人学生がアメリカの大学に魅せられ留学して、卒業して帰ってきたら、隠れマルクス主義者になっている場合が多い。ニューヨークのコロンビア大学で学んだといえば聞こえはよいが、この大学がもともと隠れマルクス主義のフランクフルト学派の牙城であることは知られていない。実をいえば年間のよい本を選ぶというピュリツァー賞は、コロンビア大学のジャーナリズム学科によってなされるのである。彼らの本の選択は、ある傾向がはっきりしている。むろんこれはコロンビア大学だけではない。アメリカの大学の人文学部の大半はこの傾向が強く、学者や外交官の卵がマルクス主義に洗脳されて帰国する例が多いのもそのためである。

ところが、これが戦後のことだけでなく戦中もそうであり、それが戦後の日本をつくり上げるイデオロギーとなった、ということは意外に知られていない。それは終戦当時のアメリカ政府が民主党政権であり、そのシンパが、実をいえば左翼であったことが近頃よく認識されるようになった。そしてその方針下で戦後日本がつくられようとしたという恐るべき事実が最近判明してきたのである。

アメリカ政府というとそれ自体、大国意識をもつ覇権主義の国で、その政権政党がどうあろうと同じようなものだと考えがちであるが、大東亜戦争が勃発したとき、それが民主党政権であったことは、日本に特殊な影響を与えていたのである。第二次世界大戦前後に四期十二年にわたって長期政権を維持した民主党のフランクリン・ルーズベルト政権は、低所得者層やアフリカ系市民（黒人）などのマイノリティーに支持されて政治的な成功をおさめた政府であった。そのため、経済学の分野でもケインズ主義を取り、政治思想の分野では「リベラリズム（平等を重視した自由主義）」の「ニューディール政策」を取ったと多くの歴史家は語っている。第一章で述べたように、国家が経済に介入するケインズ主義も、当時のソ連を意識した、社会主義的な政策であったということができる。これが、いかに彼らの政権内に社会主義的な分子を入れざるを得なかったか、が容易に推測できるのである。

スターリン時代のソ連における大量粛清や人民の窮乏化の事実が暴露される、はるか以前の一九四〇年代という早い段階では、アメリカでさえも社会主義幻想が強かったのである。オーストリア出身の経済学者フリードリッヒ・A・ハイエクは一九四四年に『隷従への道』という本を著し、社会主義への道は自由を抑圧する隷属への道にほかならないと説いた。今でこそこれは常識であるが、一九四〇年代では、民主党の政権下で圧迫されざるを得なかった。『隷従への道』の出版は多くの出版社に拒否され、やっと共和党寄りのシカゴ大学出版局によって出版されたのである。

同じ民主党政権が一九六〇年代に「貧困の撲滅」と「偉大な社会の建設」をスローガンとしてアメリカの福祉国家化を目指し、黒人の公民権運動ばかりでなく、学生たちの「五月革命」を惹起したことは知られている。その運動を思想的にリードした、アメリカのフランクフルト学派であったH・マルクーゼやE・フロム、ホルクハイマーやアドルノなどユダヤ人マルキストたちが多数活躍したことはよく知られている。この流れもまた、マッカーシー旋風を切り抜けた左翼が、あらたに民主党政権下で跋扈《ばっこ》していたことを示している。ベトナム戦争の際の反戦闘争も、民主党の政権下で活発に行われていたことが人々の記憶にまだ残っている。

ところでよく知られているアメリカのＣＩＡ（中央情報局）やＣＯＩ（情報調整局）は戦後つくられたものだが、それ以前にＯＳＳという略称の「戦略情報局」という組織があったことは日本でもあまり知られていない。これは第二次世界大戦に際して、政府によってつくられたもので、当時、アメリカに対峙する世界の戦略分析と政策提言に重要な役割を果たしていた。一九四五年に解散したが、それは戦後のふたつの組織に引き継がれ、政府自身の政策立案などで、アメリカの日本支配に大きな影響を与えた。実をいえば戦後のマッカーサーの対日支配の構想はほとんどこの組織によってつくられていたものなのである。例えば、昭和天皇の戦争責任を問わず象徴として温存させる、という重要政策もこの組織の報告によって準備されていたものである。

このＯＳＳについては、一九九一年にワシントンの国立公文書館で「秘密の戦争―第二次世界大戦におけるＯＳＳ」という公開シンポジウムが開かれてから一般にも知られるようになった。日本ではＴ・フジタニ氏や加藤哲郎氏などの左翼学者によって研究、紹介されているものの、いかにアメリカがある一定のイデオロギーによって他国を心理的に支配しようとしたか、ＯＳＳの謀略的な側面が抜け落ちている（加藤哲郎『象徴天皇制の起源』平凡社、平成十七年）。その巧みな戦略の一端が日本をいかに左翼的に誘導しようとしたかという批判的観点を欠いているので、今なおＯＳＳの存在の重要性がよく認識されていない。これが戦後の日本研究にも引き継がれ、戦後の日本に影響を与えてきたのである。

昭和十七年前半につくられた米「日本計画」

すでに昭和十六年十二月に大東亜戦争が勃発した直後から、ルーズベルト大統領率いるアメリカ政府によって「日本計画」は準備された。それは十七年の六月までに、三度にわたって用意周到に草稿で練られた。これはそれまでの日本打倒のプランである「オレンジ計画」の延長ではないか、と考える向きもあるかもしれないが、ここでは明らかに社会主義的な影響が色濃くなり、アメリカの覇権主義とは異なった色調をもっている。これまでソ連のスパイがアメリカに入り込み、昭和七年（一九三二）のソ連・コミンテルンの日本計画がそこに大きな影響を与えたのではないかとの推測があるが、それと異なるアメリカ人自身のある左翼的な部分が準備した、という事実があったと考えることができるのである。

その計画は無論、はじまった日米戦争に対応してつくられたものであるが、そこには日本の真珠湾攻撃や東南アジアの日本の赫々《かくかく》たる緒戦の成果などは眼中にない。そのことは、すでに日本の開戦そのものも、この政権によって引き起こされたものであることを予測させる。アメリカはこの戦争の勝利を確信しており、緒戦でいかに勝ってもいずれ負ける日本をどのように処理するか、の問題をはじめから議論しているのである。日本の軍事作戦を弱体化してそこから敗北に導く、という戦略はまさにアメリカ左派によって準備されたのである。

その「日本計画」は誰によってつくられたものであろうか。そのことを理解するために、まず第二次世界大戦の時代において、ＯＳＳの成り立ちから分析する必要があるだろう。この組織は日本に対してだけでなく、ドイツをはじめとする世界戦略の一環であったから、国際的な色彩をもっている。「日本計画」はその中で陸軍情報部のソルバート大佐を中心につくられたものであり、四二年六月の米国心理戦共同委員会によって練り上げられたものである。いずれも日本のエキスパートではなかった。

日本の真珠湾攻撃の直後から、米国は（日本の敗北を見越して）日本をいかに軍事的に壊滅させ、いかに戦後社会を攪乱するか、想を練っていたことになる。それは、いかに軍部を排除して「立憲君主制資本主義国家」を再建するか、といった単純なものではない。それはソ連や中国と異なった日本の混乱を目的化したといった左翼的なもの、といってよい。対日心理戦略「日本計画」は、その方向で社会分析と変革構想を多数の学者、専門家を組織動員して立案していった、ということができる。

この「日本計画（最終草稿）」の内容を紹介しよう。まず最初の項目は戦争向けである。

《1　日本軍事作戦を妨害し、日本軍の士気を傷つける。

2　日本の戦争能力を弱め、スローダウンさせる。

3　日本軍当局の信頼をおとしめ、打倒する。

4　日本とその同盟国及び中立国を分裂させる》

これらのこと自体は、軍事的な面で当然の作戦であるが、その上で、その政策目標達成のために八つの宣伝目的が設定されている。

《1　日本人に、彼らの政府や日本国内のその他合法的情報源の公式の言明への不信を増大させること。

2　日本と米国との間に、戦争行動の文明的基準 civilized standards of war conduct を保持すること。

◎3　日本の民衆に、彼らの現在の政府は彼らの利益に役に立っていないと確信させ、普通の人々が政府の敗北が彼ら自身の敗北であるとみなさないようにすること。

◎4　日本の指導者と民衆に、永続的勝利は達成できないこと、日本は他のアジア民衆の必要な援助を得ることも保持することもできないことを、確信させること。

◎5　日本の諸階級・諸集団間の亀裂を促すこと。

◎6　内部の反逆、破壊活動、日本国内のマイノリティー集団による暴力事件・隠密事件への不安をかきたて、それによって、日本人のスパイ活動対策の負担を増大させること。

7　日本の現在の経済的困難を利用し、戦争続行による日本経済の悪化を強調すること》

（「日本計画」草案、加藤哲郎訳）

問題は◎を入れた3から6までの項目である。とくに露骨に日本社会を崩壊に落とし込むことを明言しているのが5、6である。5の《日本の諸階級・諸集団間の亀裂を促すこと》は、明らかに階級闘争のみならず、差別問題や団体間の対立を煽り、そこから社会の円滑な動きを妨げることを意図している。6では内部の反逆、破壊活動、日本国内のマイノリティー集団による暴力事件、隠密事件への不安をかきたてることを目的としている。戦後、下山事件、松川事件など、加害者不明の事件が起きたのも、この政策が起因しているといってよいかもしれない。それは労働者、農民、プチ・ブルなどの階級擁護ではなく、すでに中間階層化した日本国民全体をとにかく攪乱し、その後に革命を期待する、フランクフルト学派の戦術が基本にあると予測させる。

この全体を分析してみよう。第一に、階級、階層分析に特徴があるといわなければならない。当時のマルクス・レーニン主義の日本階級分析、資本・賃労働関係をよく示したいわゆる「三二テーゼ」として知られるものと異なるものである。このコミンテルン―世界共産党の「日本における情勢と日本共産党の任務」では、満洲事変後の日本の「国家権力」を「絶対主義的天皇制」と規定し、「封建地主とブルジョワジーの同盟」に対し、「労働者・農民・都市貧民」の「天皇制打倒」の同盟で対抗しようとした、とされていた。戦後日本の社会科学に大きな影響を与えた共産党系の「日本資本主義発達史講座」もその影響を強く受けていることはつとに知られていることである。これは生産手段所有の有無を機械的に適用するものであった。

しかしここでは日本について次のような分析を行っている。

《第一に、急進派 Radicals すなわち過去の労働者への「プロレタリア的」影響力、読書会、学生運動経験者などで、「ロシアに近いこと、日本の政治体制の後進性」が、この恐怖を強める。

第二に、インテリ Intellectuals 知識人、教授たちは、帝国大学においてさえ、権力者たちの目から見ると大いに疑わしい。あらゆる類の専門家たち、とりわけ海外生活経験者たちは、意図的であれ偶発的であれ、排外主義者に敵対しがちであると疑われている。

第三に、朝鮮人、教育を受けたほとんどの朝鮮人は日本語を話す。話さなければならない。日本にも多数住んでいるが、同化されていない。

第四に、「エタ」即ち被差別部落民。「エタ」は日本における不可触賤民である。人種的には他の日本人と区別できない。彼らは日本においてアメリカにおける黒人に比すべき位置にある》（「日本計画草案」）という。

アメリカが、《日本の指導者たちの間の腐敗を増大させ、日本の諸階級の亀裂を促進させる》ことを意図しているのは、そこに新たな内部の闘争を促進させる意図を有し、日本の戦後の混乱はその延長線上にあることをよく物語っている。そして《日本の支配者たちの持つ日本のマイノリティーに対する猜疑心を利用し、その結果が士気を傷つけ、効率を減じる場合であっても支配者たちがマイノリティーを迫害するように、そそのかす》ことなどは、戦後の差別問題や朝鮮人問題などの増大に拍車をかけた事実と呼応する。

この「日本計画」では、雇用者、被雇用者の「労働条件」「生活水準」などに言及するのではなく、日本の「皇室、貴族、官僚、ビッグビジネス、地主、小ビジネス、都市労働者、農民、朝鮮人、エタ」という社会的身分、地位、階層、エスニシティを取り出して、社会の重層的分析を行っている。かつての社会主義的な政策に対し、むしろ「階級分析」と「闘争」をというアメリカのOSSの見解は、彼らのフランクフルト学派的立場から修正を加えたものであった。

かかる分析はむろん、戦争を指導する日本軍部を孤立させるためのものであるが、それら諸階層の政治的立場を抽出し分析を加えている。それは一九三五年のコミンテルン第七回世界大会で反ファシズム統一戦線・人民戦線政策、平和擁護政策を導いた、デミトロフやトリアッチの報告に近い線に沿っているといわれ、基本的には、この資本主義社会ではマルクスのいう階級社会を考えることができず、社会の諸階層の並列を受け入れざるを得なくなり、それらの相互の対立をつくり出して、闘争状態にすることを目論むようになる。そこから体制変革を目指すという新しい理論が見え隠れしているのである。

これは日本における三〇年代後半の日本共産党の政策に似ているといってよいかもしれない。ソ連共産党の日本分析や岡野（野坂参三）、田中（山本懸蔵）らの「日本の共産主義者への手紙」（一九三六年）にも影響していくものである。野坂、山本のこの「手紙」では、「金融資本と地主」を後ろ盾とした「ファシスト軍部」に対抗する「反ファシズム統一戦線」の担い手として、労働者・農民に「都市小ブルジョワジー（小商工業者）」と「勤労知識階級」を加えている。そしてすでに「天皇制打倒」のスローガンを下ろしているのである。ただしコミンテルンが「ファシズム」を「金融資本のテロル独裁」と機械的に規定していたため、日本の「ファシスト軍部」の背後に「三井、三菱、住友の財閥」を想定している。

しかしコミンテルン影響下の日本共産党の分析では、まだ教条的な階級闘争の立場が貫かれており、一方ＯＳＳの報告書の場合は、それは取らない。そのような階級社会は希望的観測であって現実的ではなく、軍部支配を揺るがす「日本社会の亀裂」は何でも利用するという、実践的戦略に立っているのである。だから、《天皇であっても、ビッグ・ビジネスであっても、日本人社会主義者、共産主義者であっても、朝鮮人・在外日本人であっても、利用できるものは何でも利用しようとする》ものであった。

ところで、ＯＳＳにかかわった人物たちであるが、彼らにはソ連のそれと異なったマルクス主義が浸透していたことがわかる。カッツの『対外諜報―ＯＳＳの調査分析部 1942-45』（ハーバード大学出版局、一九八九年）によると、そこには戦後の「五月闘争」で脚光をあびる新左翼のいわゆる「フランクフルト学派」がかかわっていたことが記されている。コロンビア大学社会科学国際研究所に集まっていたF・ノイマン、M・ホルクハイマー、Th・アドルノ、F・ポラック、H・マルクーゼ、O・ホルクハイマーなど、「フランクフルト学派」を称する社会科学、人文学者が加わっており、対独情報戦や戦後ドイツ構想立案の中核となっていたのである。

いったい彼らのマルクス主義とはどんな内容をもっていたのか。

前記のコロンビア大学の「フランクフルト学派」とは、もともとドイツのフランクフルト大学にいたユダヤ人の社会学の学者たちで、一九二三年にマルクス主義者G・ルカーチによって設立されたマルクス研究所からはじまる。それがドイツ社会学研究所となり、ナチスの台頭とともにアメリカに亡命したのである。彼らの尊敬するルカーチの思想を紹介すると、それは「二十世紀のマルクス主義」と呼ばれ、『歴史と階級意識』（一九二三年）が基本書である。

それは資本主義の新しい分析に基づいており、商品が生まれる過程が資本主義であるが、そこで労働力そのものも商品化される。そのことをルカーチは「物象化」されるとして、労働者の意識に与える影響を重視する。これまでのマルクス主義は、労働者が搾取されて階級意識が生まれ、階級闘争がはじまる、という単純な図式をもっていた。しかしそれと異なり、より高い賃金を得ようとする労働者は、そのような階級闘争を忘れてしまう傾向に陥る。そこで何とかして階級意識をもたせるためには、政治闘争や階級闘争といった闘争を行うだけでなく、文化活動全般を通じて階級意識、差別意識をつくり出す運動を起こさなければならない、とするものである。これは彼らの間では「批判理論」

と呼ばれ、イタリアにおいてはグラムシなどに引き継がれ、戦後「構造改革路線」の名で広まった。マルクスの生きた十九世紀のプロレタリアであれば、抑圧され必然的に階級意識が生まれるという素朴な分析が消え、賃金闘争しかやらない「物象化」された労働者しかいないとなると、革命など遠い出来事になってしまう。そこで生み出されたのが「批判理論」である。資本主義が生み出したすべてを「批判」し、そこから体制転換の思想をつくっていこうとの不毛な努力を行おうとする。これがＯＳＳによって応用されたということができる。

天皇の「象徴」制もその一環であった

ところで、天皇を「象徴」とする、という戦後の一貫したマッカーサーの主張も、実をいえば開戦の半年後、一九四二年六月に情報工作の一環として立てられていたことが、ＯＳＳ（戦略情報局）の機密文書によって明らかになっている。これは昭和天皇を平和のシンボル（象徴）として利用するという計画で、軍部と対立させ、日本国内を対立の渦中におこうとする計画であった。加藤哲郎氏は『象徴天皇制の起源』（平凡社新書）で、一九四二年六月三日付けで陸軍省心理戦争課の大佐が起草した「日本計画（最終草稿）」と題する文書がそれである、と指摘している。

「天皇制」を打倒するよりも、その伝統の力を利用して国内を対立させ、折からの日本の軍事力の膨張を押さえる方向に作戦を立てたのである。天皇の存在により、好戦的な日本軍の士気をくじくことを当面のプロパガンダ戦略としたのであった。そのために十一の宣伝目的を設定し、「日本の天皇を、慎重に名前を挙げずに平和のシンボルとして利用すること」を明記しているのである。

このことは、日本共産党やソ連・コミンテルンや中国共産党の方針と異なるものである。彼らは「天皇制打倒」を主張し、軍部も同時に崩壊させることを目指していた。しかしアメリカ民主党政権の方針はこれと異なっていた。これを戦後、マッカーサーによる良心的なアメリカの日本理解と取られた節があるが、これはもともと、日本社会崩壊に向けたステップとしての行程であったことを忘れてはならない。

そこには古い階級闘争を主張する共産党と、すでにそれを断念したルカーチの資本主義分析に基づくフランクフルト学派の影響があったということができる。かつての階級が変質を遂げた社会に対して、社会そのものを弱体化させる方針があったのである。それは何よりも、この学派の影響による心理戦略が重要な鍵と考えられた。こうした一般心理戦略に基づき、より個別的な十一項目の宣伝目的が設定されるようになった。このレベルから、天皇と天皇制の扱いが具体的に語られているのである。

しかし天皇を象徴化しながら、天皇と軍部の乖離《かいり》を画策する方法は、当面、軍部そのものがアメリカにとっての敵である、という認識があるからだが、一方で、天皇は日本にとって絶対的な権威である、という認識がある。軍部も天皇もともに倒すというソ連・コミンテルンの見解と異なり、不可能なことはしないという、社会に順応したフランクフルト学派的な新たな発想がある、と思われる。こうして、やはり日本には天皇を存続させるべきだという、日本の伝統の力に屈した情勢分析となったのである。軍部と対立させれば、自ら「天皇制」を消滅させることができる、と考えたのかもしれないが、その実、当面天皇はどうしても廃絶できない、という強い認識があるのである。

「象徴としての天皇利用」という発想の起源は、情報調整局（ＣＯＩ）の調査分析部（Ｒ＆Ａ）極東課と思われ、そこで重要な役割を果たしたのは、日本政治専門家チャールズ・Ｂ・ファーズと推定できる、と加藤氏は述べている。

《ファーズの師ノースウエスタン大学政治学部長ケネス・Ｗ・コールグローブの立憲君主国制論、「天皇＝象徴」論の起源と思われる新渡戸稲造『日本―その問題と発展の諸局面』（昭和六年、「天皇は国民の代表であり、国民統合の象徴である」とある）、いわゆる「ルーズベルト親書」を通じて米国側日本観に影響を与えた歴史学者朝河貫一、国務省極東課の日本担当のヒュー・ボートン、ロバート・フィアリー、ＯＳＳ心理作戦計画本部からマッカーサーの軍事秘書となり「昭和天皇独白録」を演出したボナー・フェラーズ、ＯＳＳ調査分析部（Ｒ＆Ａ）の重要参考文献で『世界』一九四六年一月創刊号に邦訳されたヒュー・バイアス『敵国日本』（一九四二年二月）等の役割が重要だ》という。

ファーズ自身はポモナ大学助教授であった一九四〇年に『日本の政府』という書物を太平洋問題調査会（ＩＰＲ）から出版していた。加藤氏は、彼が当時の日本政治研究の俊英であったと指摘する。恩師コールグローブが日本の無産政党を研究していた関係で、学生時代にマルクス主義を学び、日本の歴史についてはＥ・Ｈ・ノーマン『日本における近代国家の成立』に大きな影響を受けたという。ここにもアメリカ流のマルクス主義の影響を感じさせる。

ここに登場する日本関係の米国政治専門家たちが、新渡戸稲造の天皇「国民統合」の象徴論を取っていることは、これが日本人の書いたものであり、それが確固とした権威をもっていることに着目したからであろう。この柔軟さは逆に、日本の軍国主義を基本的に「天皇制」が支えている、という単純な分析ではないことが理解できる。これはある意味で、天皇を頂点とする日本の「国体」を倒せないという認識があったということであり、ひいては日本を徹底的に敗戦に追い込むことが不可能である、という判断を意味する。

戦後ケネディ大統領時代に駐日米国大使として来日したライシャワーが、やはり同じような発想であったことは知られている。これはカリフォルニア大学T・フジタニが「新史料」を発見したもので、ライシャワーの「傀儡天皇構想」である。ハーバード大学で長く日本史を講じ、「日本の近代化の成功」と説いた彼は、真珠湾攻撃後一年足らずの一九四二年九月十四日付けでメモランダム（覚書）を作って、日米戦争勝利後の「ヒロヒトを中心とした傀儡政権（puppet regime）」を陸軍省次官らに提言しており、軍部と天皇の分析を行ったのである。しかし加藤氏によると、ライシャワーの「天皇制」存続構想も、その三カ月前にすでに固まっていたOSSの史料を踏襲したものであろうと述べている。

「天皇制」の存続により、天皇の詔勅を「敗戦」のそれではなく「終戦」のそれである、と考えたのも無理からぬことである。それは戦後日本が、左翼的な支配を見るようになったときでさえ、近代主義は決して「天皇廃絶」を許さなかったし、その「天皇＝力」とでもいってよい強い空気は、やはり健在した。その分析は一九四二年（昭和十七）以前、緒戦で勝利していく日本を見ていたアメリカのやや臆病な天皇過信といったものだったかもしれない。天皇温存の設定は、日本勝利の中で「天皇＝力」に屈したアメリカの戦略だったといえるだろう。

戦後マッカーサーの対日占領政策で、三十項目にわたる検閲指針が出され、あらゆる米国政策やソ連、中国、朝鮮などに対する批判を禁じていたことはすでに知られている。そして神国日本やナショナリズムの宣伝を一切禁じ、戦争犯罪を刻印させるように仕向けたことは占領が解かれたあとでも大きな影響を与えた。

このようなアメリカの戦略は、次のような戦時中の情報戦によって展開されようとしたことがこのＯＳＳの文書によって明らかとなった。この関係の方針を摘出すると、

《(c)いかなる情報源であれ、日本における米国の脅迫は、その脅迫が公式のものであるか国際法に沿ったものでない限り、すべて検閲する censor こと。

(d)日本の天皇を（慎重に、名前を挙げずに）、平和のシンボルとして利用すること To use Japanese Emperor（with caution and not by name）as a peace symbol。

(e)今日の軍部政権の正統性の欠如と独断性、この政府が、天皇と皇室を含む including the Emperor and his House 日本全体をきまぐれに危機にさらした事実を、指摘すること。

(i)米国、英国、オランダのアジアにおける記録は恥ずべきものではなく、フィリピンは忠誠を守っていること、そして蔣介石総統が指摘するように、朝鮮にはガンジーがいない Korea has no Gandhi ことを示すこと。

(k)日本における地下でのトラブルの噂を送り出し、海上無線技師たちの注意と関心をひくよう試みること》（「日本計画草案」）。

その上で、病気、火事、スパイの恐れ、劣等国への憤慨、スローガン溺愛という日本人の思考、行動パターンに注目して、具体的なプロパガンダ工作の作戦を類型化することなどがすでに指摘されている。これを(a)信頼するに足るタイムリーなニュースを伝え、(f)日系米国人その他のその気のある日

本人を、プロパガンダ要員及びプロパガンダの題材として利用することや、日本にいたドイツ人が、(j)変装したアメリカの工作員であるか、さもなければ彼らの総統のために日本版を準備するドイツの第五列でしかありえないことをほのめかすこと、などと述べている。アメリカの明るいイメージを喚起するさまざまな項目も並べられている。

これらは戦後マッカーサーによる三十項目にわたる検閲方針に直結していくものであることは、その内容からもわかる。日本の戦後の世論や自虐史観が、占領時代七年間の検閲によって強化促進されていく。日本が、アジアにおけるアメリカや英国、オランダなどの植民地支配を解放する、という歴史的な事実の確認を一切禁じた戦後の検閲は、あたかも日本だけが「侵略」を行ったような錯覚に陥らせたが、まさにそのために、日本はアジアに進出しなければならなかったことが忘却に付されることになった。

またここでは、天皇制を温存し、「象徴」をして無力化させると同時に、その権威とは異なる軍部政権の独走の非を唱えることが方針として掲げられている。昨今の天皇論にあるように、天皇は軍部指導者によって犠牲にされていると述べることが奨励される。(c)とか(i)ではアメリカや西洋諸国への批判を押さえようとしているが、これは戦後のGHQの日本における検閲方針にも反映している。日本がアジア諸国に侵略したことを認めさせるとともに、彼らのアジアへの植民地主義への批判を封じているのである。さらに中国、朝鮮に対しても批判しないように、ここですでに示唆している。

日本がいかに、戦後、米国の戦中からの情報戦略にのせられたかがわかるが、それがけしてアメリカ本来の自由と民主主義ではなく、奇妙な社会混乱政策であることは、戦後日本の混濁した社会をつくり出したことに関連するかもしれない。これはまさに「フランクフルト学派」の考え方と一致している。戦後の松川事件や下山事件といった奇妙な事件の連続や、占領下のさまざまな日米の相克が忘却に付され、日本の戦争責任ばかりが論じられていく戦後の状況が、このような戦略の結果といえるだろう。

その後アメリカの共和党政権により、方針が「反共」に変わったとはいえ、対日戦略は日本の左翼勢力が継続した。人々の間に対立感情を煽り、差別や格差をいたずらに誇張する世論づくりも、こうした政策の結果といってよいであろう。それはいまだに続いている。

しかし戦後日本が、一部ジャーナリズムと学者、知識人以外、必ずしも彼らの意図するような社会変動や混乱の事態に陥らなかったのは、ひとえに日本人の常識というものが存在し、このような外来の攻撃に左右されない精神があったとしかいいようがない。日本の伝統と文化の潜在的な抵抗力は意外に根深かったのである。

第三章

「日本国憲法」は共産革命の第一段階としてつくられた

『正論』平成十八年十一月号

ＯＳＳの日本支配

安倍政権になってやっと新憲法の作成が日程に上ってきたことはまだ記憶に新しい。もともとこのような日本国憲法がいまだあるということの方がおかしいのだ。この機会に現憲法がアメリカの戦時中からの「日本計画」の結果であり、米ソ蜜月の中のアメリカ左翼による「二段階共産主義革命」構想に基づくことを明確にしたい。個人的には数年前に憲法調査会の地方公聴会で発言を求められて以来私の考えてきたことに、前章の大東亜戦争時代のＯＳＳ（戦略情報局）の研究を加える形で述べてみたい。

日本の保守主義者が「親米」派か「反米」派で割れているように見えるが、それはアメリカの支配者の時代と場合によるのである。アメリカ政府が民主党の時期で、その左派により政治が行われた場合、日本は危険な状態に陥る可能性が強い。そのときは「反米」にならざるを得ない。大東亜戦争の時代はまさにそれにあたる。

前章で述べたように、大東亜戦争開始から終戦までの、ルーズベルト大統領政権下によってつくられた「日本計画」が最近、アメリカ国立公文書館の新資料で明らかにされた。戦後日本の憲法もＧＨＱが作成したというより、それ以前のＯＳＳからの方針の結果である、と見た方がよいということが明白になった。私たち日本人は、大東亜戦争のアメリカ側の責任者がマッカーサーであると考え、その言動に注目しているが、実をいえば彼を指名したのはルーズベルトであり、彼が組織したＯＳＳの方が主要な力をもっていた。ただ、この組織は戦後後任のトルーマン大統領によって解散されたから日本人にはあまり知られていないが、マッカーサーは、ほとんどこの組織の路線を踏んだと思われる。

大東亜戦争中、ルーズベルト大統領は戦後の米ソの冷戦を予想できず、本当の敵を見損なっていたことは知られている。ソ連を同盟関係者と考え、反ソ連のドイツや日本を敵国とした。すでに述べたように、アメリカが共産主義者を政府組織に引き入れ、こともあろうに彼らを育てるという結果をもたらした。このルーズベルト大統領によってつくられたOSSは、反日政策を実施するばかりでなく、社会主義を支持し、こともあろうに共産中国を成立させる役割を演じた。トルーマンがこのOSSの《連中が戦争でも何でも勝手にやってしまう》といって怒ったことも知られている。

《ルーズベルトは、スターリンを「共産主義者と考えるのは馬鹿げている。彼はただロシアの愛国者であるだけだ」と公言し、英国を除く全欧州がソ連の支配下に入ることさえ認めていたのである。「われわれは、ロシアの驚くべき経済的成果を見落とすべきではない。財政は健全である。（略）ヨーロッパの人々は、十年、二十年先、ロシア人とうまくやっていけるようになるという希望を持って、ロシアの支配を、ただ甘受しなければならない」》（一九四三年九月スペルマン司教に与えたルーズベルトの言葉、フィッシュ『日米開戦の悲劇』より）。

これを引用した勝岡寛次氏は《ソ連を端《はな》から同盟国と見做して疑わない米国の楽天的性向は、第二次大戦後も暫らく変わらず、対日占領政策の中にもそのまま持ち込まれていた。占領軍の検閲指針の中には「ロシア（ソ連邦）に対する批判をしてはならない、という項目があったことも知られている》といっているのも頷ける（勝岡寛次『抹殺された大東亜戦争』明成社より）。

このＯＳＳによって中国共産党が援助されており、アメリカが戦後悩むことになるベトナム戦争もこのＯＳＳによって種が撒かれたといってよい。この共産ベトナムの革命の父、ホー・チ・ミンは隠れＯＳＳ要員であった。彼はＯＳＳが系列企業の経済特権（鉄道と道路）を確保するために起用された人物であったのである。ミンはＯＳＳ解体後、ベトミン（ベトナム独立連盟軍）の訓練と武器の支援を、ＯＳＳから引き継いだＣＩＡから受け、アメリカ政府との経済特権の約束が履行されていた。その結果、彼はフランス軍と戦い、後に当のアメリカ軍とも戦うことになったのである。

ワシントンの国立公文書館でＯＳＳの機密文書が再調査されたことにより、この組織がいかに対日情報戦や戦略を行ってきたかがわかってきた。これらの文書はその左翼的な傾向が如実で、戦後この組織を受け継いだ、反共組織といわれて名高いＣＩＡとはまるで正反対の組織であった。日本でもＯＳＳについて昭和四十年に出た共産党系出版社の書物、『アメリカから来たスパイたち』（大野恵三著、新日本新書）のように、ＣＩＡと同じものと考えられていた。フジタニ氏や加藤哲郎氏など左翼系の学者によって新資料が岩波書店の雑誌『世界』などに紹介されているが、そこでは親ソ連、親中共的な動きをあまり注目していない。

とくに加藤氏はＯＳＳが憲法における「象徴天皇制」を指示したのが、一九四二年の早い段階でのＯＳＳの「日本計画」文書によってであることを強調しているが、それが軍部との亀裂を生ぜしめる日本への謀略と考えられることを批判していない。天皇を象徴とするという新しい憲法にまで影響を及ぼしたと指摘しているものの、ＯＳＳが戦後、ＧＨＱにまでつながり、憲法全体にまで影響していたことは考察されていないのである。

終戦後マッカーサーの対日政策にも日本国憲法作成にも、多くの影響を与えたハーバート・ノーマンもジョン・エマーソンも、この組織にいたことを思えば、この重要性がわかるであろう。ノーマンは後に、マッカーシーによってアメリカ共産党員であったことが曝露され、自殺に追い込まれているのである（工藤美代子『悲劇の外交官』岩波書店、平成三年）。

ここでもう一度、このＯＳＳの歴史について説明しておこう。アメリカはＯＳＳ以前に情報機関をもったことがない。しかしルーズベルトはその必要性を痛感し、第二次世界大戦開戦前の一九四一年七月十一日、ウィルアム・ドノヴァン大佐（のち少将）に、まず中央情報機構ＣＯＩの立案を命じ、さらに発展させて別の組織、すなわち中央情報局と秘密活動（謀略活動）を兼ねた機関をつくることを命じ、ＯＳＳ（Office of Strategic Services）を一九四二年六月に組織させた。

ドノヴァンという人物はルーズベルト大統領のコロンビア大学時代の級友で、一九二二年にニューヨークの連邦地方検事を務めた後、司法長官ストーンの引きで司法次官補を経験している。ドノヴァン自身は必ずしも共産主義者ではないが容共の人物であった。ＯＳＳにソ連のＮＫＶＤ（人民内務委員会）と一九四三年に同盟関係を結ばせ、情報を共有しようとした。スペイン戦線で、共産主義者の軍団の中枢にＯＳＳの一員を兵士として参加させている。そこに送り込んだリンカーン旅団の半数以上は共産主義者である。このとき、ドノヴァンはスペインで隠れ共産主義者のキム・フィルビーと手を組み、フランコ将軍派に対立している。フィルビーはＫＧＢの工作員であった。

ＯＳＳ工作員の太平洋戦域での活動は、親ソ連、親中国共産党のためであった。ドノヴァンは有能な人物を集め、一九四一年十二月に六百人、千二百万ドルから、ＯＳＳへの改組後の四二年六月には予算一億一千五百五十四万ドル、スタッフ一万二千七百十八人を数えるにいたり、終戦までには工作員と補助工作員合わせ、三万人を超えるといわれる大組織になっていた。

敵国である日本ばかりでなく、ドイツ、イタリアに対しての調査や工作を実行するために、惜しみなく予算と人員が注ぎ込まれたのであった。またOSSは、各国の文化遺産の分布を調べさせるために、米英の美術館や博物館から雇用した美術史の鑑定者などがいる専門部局も備えていたことでも知られている。

OSSの特色は情報専門家だけではなく、あらゆる分野の学者を集めたことである。心理学、医学、地理学、語学、化学、歴史学など多数の顔ぶれの学者たちがOSSに参加したし、財界や各財団にいた各種専門家もOSSに参加した。音楽家、小説家、評論家などから、技術者、技術をもった労働者、はてはスリや詐欺師にいたるまで、その道に有能な者をどんどん採用したといわれる。ごく短期間に、一万五千人以上の「情報」マンがドノヴァンのところに集まり、それぞれの任務を与えられた。

その中に米国マルクス主義を代表するポール・スウィージー、ポール・バランも年一千六百二十ドル以上の報酬で働いた。戦後アメリカ歴史学会の会長八人が、OSS調査分析部にいたのである。日本人共産主義者ジョー・小出《コイデ》もいたと加藤哲郎氏は指摘している（『前掲書』）。私は前章で、その中に多くの「隠れマルクス主義」者たち、つまりドイツから脱出したフランクフルト学派のマルクーゼやノイマン、ホルクハイマーなどが加入していたことを指摘したが、さらに日本の問題を中心にしていえば、この中にGHQの日本統治に重要な役割を演じる多くの人物たちがいたのである。

OSSに対してルーズベルトが与えた任務は三つであった。

（1）学問的および非公式の情報活動の継続
（2）謀略的な宣伝
（3）破壊活動（ただし正規軍と協力すること）

単純な情報活動だけでなく、相手を心理的に参らせる謀略的な宣伝を行い、さらに正規の戦争と対応した破壊活動を行うこと。これらは明らかに敵の社会を正確に分析して、社会を混乱に陥れるという、いっけんすると戦争の一環のようだが、これだけを独立させると革命運動につながるという政治性をもっていたと考えられるのである。その点ではこれが、戦争とともに隠れマルクス主義、隠れ共産主義の運動になり得たのである。

ＯＳＳ長官のドノヴァンは、その実績を背景にさらに独自な情報、謀略機関の中央情報局をつくることを提案し、ルーズベルトもその検討を統合参謀本部に命じていた。しかし一九四五年四月十二日のルーズベルトの死とともに力を失い、つんぼ桟敷に置かれていた次のトルーマン大統領が解散を命じた。しかしそれは戦後のＣＩＡに引き継がれたのである。

「二段階革命」の提起

日本と中国は、まさにアメリカという国を中にして明暗を分けていた。ドノヴァンが指揮するこのＯＳＳは、まさに中国の共産側に立って日本工作を進めていたのである。一方で日本攻撃をするアメリカが中国援助、それも共産中国を援助していた。ＯＳＳこそが、蔣介石の国民政府を敗北させ、中国共産党の統一国家をつくらせる計画を進めた組織であった。

ジョン・エマーソンの『回想録　嵐のなかの外交官』（朝日新聞社、昭和四十六年）によると、その長官であるドノヴァンは重慶政府（国民党政府）の実力者、戴笠と対決し、共産党の根拠地・延安に援助を与えることを明言したという。そしてそれはワシントンのＯＳＳ本部の決意だと語った。ＯＳＳは中国で共産主義国家をつくるために活動していたのである。ＯＳＳは米軍輸送機Ｃ47によって大量の物資、機材を共産党がいる延安に運んでいた。米軍輸送機は荷物を下ろすと、直ちに重慶に引き返し、また延安へと飛び立った。重慶政府の実力者が抗議したが、ドノヴァン将軍はむしろ拒否した。

そのＯＳＳの動きを一人の日本人が見ていた。彼はＯＳＳの援助の大きさを見て、中国共産党の成功を悟ったといわれる。それが後の日本共産党の重鎮、野坂参三であった。中国共産党軍が国民政府軍を破り北京に入城したとき、アメリカの軍服を着てアメリカの銃を持ち、アメリカの戦車に乗っていたといわれる。アメリカがすべてを提供していたのである。このとき、野坂は、毛沢東、周恩来、劉少奇らがアメリカの援助で革命を達成させると確信したという。

中国のＯＳＳを率いた一人ジョン・エマーソンは、延安で出会った野坂参三について書いている。野坂は延安で演説を行っており、その演説を聞いたエマーソンが日本についての分析に強い関心を抱いた。

《コミンテルンのテーゼは、共産主義者の綱領の大前提として、天皇制の廃止を要求したが、野坂はその立場を修正して、もし、日本人民が望むならば、天皇の存在を認めることにした。彼は、日本人の大部分が天皇に対して、簡単に消えない愛情と尊敬を抱いていると考えていた。そこで彼は天皇制打倒という戦前の共産党のスローガンを慎重に避けて、平和回復後の皇室に関する決定については、用心深く取り組む道を選んだ。しかし、同時に天皇は戦争責任を負って退位すべきであると主張した》（ジョン・エマーソン『回想録 嵐のなかの外交官』）。

ここで理解できるのは、野坂が一九四四年の段階でOSSの意向をくんで、天皇に対して戦前の共産党の天皇制打倒ではなく、その去就に慎重な態度を取らねばならないと述べていることである。エマーソンはそれを野坂の意見のように述べているが、それはOSSで一九四二年六月の段階ですでに決められていたことである。しかし野坂は次のように分析していた。《天皇の封建的専制的独裁政治機構（天皇制のこと）の首長としての天皇と、もう一つの天皇、すなわち「現身神」、宗教的な役割を演じてきた天皇とに分けた。……人民大多数が天皇の存在を要求するならば、これに対して、われわれは譲歩しなければならぬ。それゆえに、天皇制存続は、戦後、一般人民投票によって決定されるべきことを私は一個の提案として提出するものである》。野坂は《社会主義は軍国主義の破壊を通してブルジョア民主革命を達した後に得られる》という二段階論を展開したのである。

OSSと同じ意向を野坂が述べていたことをエマーソンは高く評価し、彼が延安からアメリカに帰ると、それを下敷きにして天皇対策論を書き、マッカーサーのGHQに送ることになる。エマーソンはノーマンとともに、国務省で極東問題の担当官であり、GHQに強い影響力をもつことになる。

重要なのは、この野坂の天皇論が「日本革命の二段階論」と国務省ではいわれるようになり、GHQの重要な条件になったことである。天皇制廃止を主張せず、かえって軍部と対立させるというもので、コミンテルンの天皇制のような封建的権力組織を破壊する、というものではなかったのである。

これは四一年の段階でOSSが提案していたものであった。

エマーソンの「延安報告」は国務省内の政策決定機関である極東小委員会で検討され、親委員会すなわち、極東委員会（SWNCC）において若干修正されたうえで正式の政策となった。戦後の日本政策は憲法を含めて、アメリカがこの「日本革命」の二段階論を指示した中で行われたことになる。確かにアメリカ政府はGHQに「日本革命の二段階論」の修正案を送っている。それははじめから天皇を退位させるのではなく、それを利用した上で、次の段階で「民主化する」という「二段階論」でいくことであった。

この野坂参三の見解は、日本共産党の指導者のひとり福本和夫の福本イズムと呼ばれる「二段階革命」論と軌を一にし、ブルジョワ革命から社会主義革命へと転化していく理論である。これは日本共産党の主流にならなかったルカーチ、グラムシなどの理論に近い新しい理論であった。

ドイツに留学中だった福本は、フランクフルト学派の開祖であるルカーチに大きな影響を受け、帰国後『社会の構成並に変革の過程』（一九三六年）を出版し、そこで無産者的階級意識、すなわちプロレタリア的階級意識の形成をすべきだ、と主張した。それまでの日本のマルクス主義は経済的な分析をするのみで、民衆の意識の問題は取り上げなかったが、すでに経済的階級闘争では資本主義社会を打開できない、と気付いたルカーチは労働者の意識を変えることが重要であると主張したのであった。つまり社会主義は、マルクスやソ連共産党が初期に、資本主義の経済的矛盾によって必然的に革命が起きる、とした説ではなく、先鋭的な階級意識をつくって社会を主体的に変えなければならない、という理論である。

ＯＳＳのような理論から、マッカーサーの占領政策は日本の政治改革へと変わっていく。野坂の社会主義への「二段階革命論」と同じ案が実行されたのである。すなわち第一段階の「農地改革」による寄生地主の土地買い上げと、その結果としての小作人への土地解放、「財閥解体」による巨大資本の政府コントロール、その後に中小企業の育成と労働者の賃金上昇を行う。しかし私有財産は没収せず、富の分配をさせる。社会主義革命はその次である。

ＯＳＳの政策に沿ったエマーソンは「日本軍国主義者に対する心理作戦」という在外日本人を組織する計画書を国務省に提出した。この中でエマーソンは《日本では、法と秩序を立て直すためには、すべての勢力が協力することが重要である。われわれは戦後出現するであろう占領協力者、ないし「穏健派」のみに依存すべきではない》といい、《共産主義者野坂参三を戦後改革に協力させるべきである》と書いていたのである。これはこの時代のアメリカが日本の将来の共産化を望んだと考えることができる。エマーソンは吉田茂、片山哲、芦田均といった政治家よりも野坂参三を登用すべきだとして、一九四四年五月、彼が中心となり、極東地域委員会で起草された文書に「軍国主義の根絶と民主化プロセスの強化」という提案をした。

マッカーサーが、日本政策において最も信頼していたアドバイザーの一人にハーバート・ノーマンがいたことは知られている。一九四五年九月、天皇がマッカーサーとの会見を希望していることをマッカーサーに最初に知らせたのはノーマンであったし、元帥の直接の通訳を務めた人物である。カナダ外務省には、ノーマンの「ＧＨＱ司令官とそのスタッフへの助言」は「最も貴重なもの」であったとする総司令部からの文書が残っているという。労働組合の合法化、民主教育、農地改革などの重要な政策にはノーマンの影響が見られる、と指摘されている。ノーマンの主著『日本における近代国家の成立』は、総司令部の多くの幹部の日本理解において「バイブル」以上の権威をもっていたとされる。彼は基本的に封建主義を崩壊させる第一のブルジョワ民主革命を意図したのである（馬場伸也「占領とノーマン」『思想』昭和五十二年四月号）。

ノーマンは一九四〇年五月にカナダの駐日公使館の語学官として来日したときに、マルクス主義者の羽仁五郎著『明治維新』を読み、開戦ののち交換船で帰国するが、反対にアメリカから帰国する都留重人と出会う。その後、OSSに所属するようになり、対日戦争の情報分析に従事し、終戦後、来日してマッカーサーの下で対敵諜報部に所属し、政治犯や戦争犯罪者に関する任務についた。徳田球一や志賀義雄といった共産党幹部を釈放したのも彼の尽力によるものだ。彼は総司令部において後で述べる鈴木安蔵に会っている。

マッカーサーの「憲法」作成の指令

昭和二十年（一九四五）十月四日、マッカーサーはGHQ本部で近衛文麿に《憲法ハ改正ヲ要スル。改正シテ自由主義的要素ヲ十分取入レナケレバナラナイ》と決然たる調子で、日本の新しい憲法をつくることを要請した。そのとき、マッカーサー自身には日本の憲法をプロレタリア革命への第一段階であるブルジョワ革命としてつくる明確な意図などなかったかもしれない。しかしエマーソンやノーマンをはじめOSS以来の側近はそのことを追求する絶好の機会と読んだに違いない。日和見的に見えた近衛はそれにうってつけの人物であった。しかし近衛自身は戦争犯罪人として逮捕令が出され、十二月十六日に自殺した。

これ以後、さまざまな憲法草案が発表されたことは知られている。二十一年一月には幣原首相の率いる自由党により明治憲法と大筋変わらない「憲法改正要綱」が出され、二月には進歩党の「憲法改正要綱」が天皇主権の不変のものを、同月、社会党の「新憲法要綱」も出され、《民主主義政治の確立と、社会主義経済の断行を明示す》と方針に掲げられた。これなどは二段階革命を一気に行うという、浅薄な考え方になっている。また六月には日本共産党から「日本人民共和国憲法（草案）」が出され《天皇制の廃止、寄生地主的土地所有制の廃絶と財閥的独占資本の解体》などと、一気に共産主義革命を成し遂げるような内容を掲げている。この共産党案はソ連のスターリン憲法の影響が強いものと指摘されている。

こうした政党の憲法案だけでなく、GHQが強い関心を示したのが、二十年十二月下旬にGHQに届けられた憲法研究会の「憲法草案要綱」である。この会は東大教授で後に社会党顧問となった高野岩三郎、京大在学中に治安維持法で検挙され在野の学者であった鈴木安蔵、東大助教授を解任され戦後社会党結成に参加した森戸辰男、そしてやはり在野の評論家の室伏高信らによって構成されている。これはOSSとの関係が、ノーマンと鈴木を通じてあったからである。

鈴木安蔵は福本イズムの影響を強く受け、暴力革命路線をとる共産党主流と異なっていた。福本は昭和三年（一九二八）に検挙されるが、鈴木もこれに関連して同年六月に逮捕されている。釈放後、再び上京し「プロレタリア科学研究所」の創立者の一人となっている。

その考え方は、まず平和的にかつ民主主義的方法によってブルジョワ民主革命を目指すことを当面の基本目標とするものである。日本における社会の発展に適応せる民主主義的人民共和政府を樹立し、その後平和的教育的手段によって社会主義革命にいたる、「二段階革命」路線を取るという意味では、それはＯＳＳや野坂参三の見解を受けつぐものであった。

そしてそれはＧＨＱの路線でもあった。国務省の極東委員会が「日本革命二段階論」を認めており、天皇を存続させ、ひいては天皇の戦争責任を問わない、という方向で憲法をつくらせることになったのもこの理論である。これは昭和二十一年二月四日から二十六日にかけて、日本共産党第五回大会では、戦争直後の第四回大会と異なり「愛される共産党」というスローガンを掲げられたのに呼応する。しかし将来は共産主義革命を起こす目的をもつことでは変わりはない。

この憲法研究会の案は《一、天皇ハ国政ヲ親《みずか》ラセス国政ノ一切ノ最高責任者ハ内閣トス　一、天皇ハ国民ノ委任ニヨリ専ラ国家的儀礼ヲ司ル》として、はっきりと天皇親政を否定したものであった。これはほかの政府・自由党案の《天皇は統治権の総攬者なり》とか、進歩党の《統治権を行使する》とか、野党の社会党案の《統治権の一部を帰属せしめる》案に対して、ＯＳＳのすでに使っていた「象徴」という言葉は使っていないものの、その精神は同じものである。

そして《国民ハ健康ニシテ文化的水準ノ生活ヲ営ム権利ヲ有ス》という生存権の条項など、現在の日本国憲法第二十五条の《すべて国民は、健康で文化的な最低限度の生活を営む権利を有する》とほぼ一致する。この「儀礼的代表としての天皇」だけではなく、「国民主権の原則」なども、鈴木が明治憲法成立史研究と、自由民権期私擬憲法（憲法私案）研究に取り組んでいたことから生まれたといわれるが、実をいえば、ブルジョワ革命、という第一段階の革命論からきているものなのである。

日本案に満足できなかったマッカーサーが、二月三日にGHQの民政局長ホイットニーを呼び出し憲法草案の作成を命じた。ケーディス大佐、ハッセー中佐、ラウエル中佐らが集まったが、そこには憲法の専門家はいなかったし、一週間という短い期間しか与えられなかった。ホイットニー民政局長にしても、大学時代に法律を学んだが、フィリピンの戦争まで財政の弁護士をやっていた人物であったに過ぎない。しかしその思想はルーズベルトのニューディール政策を支持する民主党左派の「隠れ社会主義者」といってよく、後に反共主義者のウィロビーと対立している。後述する民政局次長ケーディス大佐もまた弁護士であった人物で、やはり左翼のニューディーラーでありウィロビーと対立しており、憲法に左翼的路線を導入させることでは一致していた。

その中のラウエル中佐は注目すべき人物であった。憲法研究会の鈴木安蔵を知っていたし、日本のことも研究していた。スタンフォード大学やハーバード大学卒業後、カリフォルニアで弁護士をやっていたが、シカゴ大学で日本の政治制度の研究をしていた。

この人物こそ、鈴木安蔵の憲法研究会案を英訳させて回読させ、GHQの憲法草案に取り入れたのであった（小西豊治『憲法「押しつけ」論の幻』講談社現代新書、平成十八年）。鈴木安蔵が共産主義者であり、ノーマンも共産党員であった。ラウエル中佐もその意向を取り入れたから、当然その憲法草案に影響を与えずにおかないだろう。

「マッカーサー三原則」といわれるなかで《3、日本の封建制度は廃止される。貴族の権利は、皇族を除き、現在生存する者一代を超えて及ばない。華族の地位は、今後はどのような国民的または市民的な政治権力を伴うものではない》とあるが、これは明確にその理論の一端を示している。天皇は温存するが、封建諸制度は崩壊させるというものだ。ここには《封建時代と現代との境界と画した一八六八年の革命が中途半端であったために、封建日本は近代日本社会との消えない傷跡を残した》と見て、日本の軍国主義や超国家主義の背景には封建主義があることを指摘したノーマンの『日本政治の封建的背景』からの影響が色濃い。

しかしこの理論には、まさにこれまで「二段階革命論」の第一の段階の封建的な残滓を崩壊させようとする社会主義思想がある。これは福本和夫や鈴木安蔵、野坂参三と共通するものであり、GHQの方針ともなったものである。このマッカーサー三原則は、日本政府による現存の貴族華族の廃止をうながし、それは日本国憲法《第十四条、華族その他の貴族の制度は、これを認めない。栄誉、勲章、その他の栄典の授与は、いかなる特権も伴はない。栄典の授与は、現にこれを有し、又は将来これを受ける者の一代に限り、その効力を有する》の中であらわれている。

鈴木安蔵とノーマンの会話が憲法調査会の議事録に残っている。鈴木が「コンスティチューショナル・モナーキー」(=立憲君主制)のような案を示し《これで行く他はないと思う》というと、ノーマンは《それで、日本の民主化ができるだろうか》と遠慮しながら懐疑を示したという。

その理由をノーマンが、《イギリスでも、今日あゝなるにはご承知のように、二度のリボリューション(=革命)を通過しているので、やはり、一遍でもそういう過程を通らなければ、モナーキー(=君主政治)のデモクラティゼイション(=民主化)はできないいんじゃないか》といっているのも、まさにルカーチ、福本、野坂のいう二段階革命論と同じであるのだ(「小委員会第21回議事録」憲法調査会)。

「日本国憲法」と共産党の「人民に訴う」

マッカーサーは『回想記』で《「日本は二十世紀文明の国とはいうものの、実態は西欧諸国がすでに四世紀も前に脱ぎすてた封建社会に近いものであった。……天皇の権力は、軍部、政府機構、財界を支配する少数の家族によって支えられ、民権はむろんのこと、人間として権利すら認められていなかった》（『マッカーサー大戦回顧録』下、中公文庫）。これはノーマンの次の記述によっている。《明治政府は立憲制度の大礼服に飾られた絶対主義であった。しかし、もっと大切なことに、それは廷臣、官僚、軍の巨頭および少数の特権的企業代表者からなる寡頭権力によって側面を固められ、また屋台骨を支えられた絶対主義であった。……しかし、寡頭勢力はその特権への民衆からの挑戦に対抗して、権威主義的基礎の上にしっかりと足場を固めていたのであった》（ノーマン『日本における近代国家の成立』「日本語版への序」）。この天皇絶対主義という言葉そのものも、二段階革命の最初に破壊すべき体制を示す言葉である。これが、あの有名なマッカーサーの日本が十二歳であるという無理解な発言にいたるのである。

「日本国憲法」前文において有名なくだりがある。《日本国民は、恒久の平和を念願し、人間相互の関係を支配する崇高な理想を深く自覚するのであつて、平和を愛する諸国民の公正と信義に信頼して、われらの安全と生存を保持しようと決意した。われらは、平和を維持し、専制と隷従、圧迫と偏狭を地上から永遠に除去しようと努めてゐる国際社会において、名誉ある地位をしめたいと思ふ》。

この部分の《平和を愛する諸国民の公正と信義に信頼して》が、いかに戦争の絶えない歴史を無視した幼い見解であることは、つとに批判されるところであるが、これが社会主義の二段階革命論の隠れた一説である、と見ることができるのである。《平和を維持し、専制と隷従、圧迫と偏狭を地上から永遠に除去しようと努めてゐる国際社会》が、日本をそのような状態から脱却させる第一段階の革命を目指し、明らかに《平和を愛する諸国民の公正と信義》をもつ国が、当時のソ連をはじめとする社会主義国家のことを指している、と取れるからである。《恒久の平和を念願し、人間相互の関係を支配する崇高な理想を深く自覚する》ことは、内に崇高な「共産主義」社会を理想とする憲法、と考えることができよう。

第九条には「戦争の放棄」の有名な条項がある。これを日本の軍国主義の復活を否定するもので、近隣諸国に脅威を感じさせない「平和日本」の宣言のように護憲論者はいってきた。しかしこれも革命的な視野からいえば、国内問題に適用されるのである。

まずブルジョワ国家の屋台骨、軍隊を取り去り治安を警察だけにし、革命を行いやすくするために準備する条文と取ることができる。戦後の一時期、労働運動は激化し「革命前夜」とさえいわれた。国家がそれを弾圧しないようにするための条文でもあるのだ。

これは一九四五年、終戦の年にマッカーサーが出した労働三法の労働組合法が組合運動を助成し、団体交渉などにおける組合員の行為については暴力を振るっても、刑事責任も民事責任も問われない、などという法律とつながり、労働者が暴力革命を起こしても、それを武力で押さえる力を国家にもたせない意図と対応する。

戦後、ＧＨＱが府中刑務所から釈放した共産党の徳田球一は「人民に訴う」で《一、ファシズムおよび軍国主義からの世界解放のために連合国軍隊の日本進駐によって、日本における民主主義革命の端緒が開かれたことに対してわれわれは深甚の感謝の意を表する。二、米英および連合諸国の平和政策に対してわれわれは積極的にこれを支持する。三、われわれの目標は天皇制を打倒して、人民の総意に基づく人民政府の樹立にある》（『徳田球一全集』第一巻、五月書房）と述べている。この共産党の戦後の第一宣言こそ、日本国憲法を解く鍵であるのだ。

第一条の天皇の条項には《天皇は……象徴であって、この地位は、主権の存する日本国民の総意に基く》とあるが、これが「人民に訴う」の三の事項を受けて、その前の段階をつくり出すと認識されるのである。人民の「総意に基づく」と同じ言葉を使っている。第十四条の「平等原則、貴族制度の否認及び栄典の限界」については先に述べたが、第十八条ほどこの憲法のイデオロギーを示しているものはない。

それは「奴隷的拘束および苦役の禁止」の一項で、《何人も、いかなる奴隷的拘束を受けない。又、犯罪に因る処罰の場合を除いては、その意に反する苦役に服せられない》などと書かれている。しかしこの「奴隷」などという状態は日本にはなかったにもかかわらず挿入されたことで、それが戦前にあったかの如く錯覚させられてしまった。これもアメリカ憲法の奴隷解放の理念を、勝手に日本に押し付けただけのものである。こうして日本に第一の民主主義「革命」を起こすべき状態であることを示している。

第二十一条は《表現の自由》とか《検閲はこれをしてはならない》と書いているが、ＧＨＱのもとでの占領時代においては、まさに厳しい検閲が行われ、この憲法も検閲自体も一切の批判が不可能であったことを銘記しなければならない。GHQの言論弾圧があったことさえ、日本人に意識されず、あたかも日本人がこの憲法にも占領政策にも賛成しているかのような風潮を是としたことも記憶に新しい。第九十七条に《この憲法が日本国民に保障する基本的人権は、人類の多年にわたる自由獲得の努力の成果であって、これらの権利は、過去幾多の試練に堪へ、現在及び将来の国民に対し、侵すことが出来ない永久の権利として信託されたものである》とあるが、これを見るとまるで日本が西洋の「近代・進歩史観」の中にいるような錯覚に陥る。ここには日本の聖徳太子以来の歴史が全く欠けており、われわれの過去幾多の試練の記憶が消されているのである。

「日本国憲法」が、共産党の「人民に訴う」の「革命」の前段階であるとする認識の上に立っていることが理解される。こうした憲法解釈に符合する当時の学説がある。それは東大教授の宮沢俊義の「八月革命説」である。氏はこの憲法が天皇主権の明治憲法の改正ではなく、国民主権を突然もち出した憲法であるから「革命」である、とするものである。それは外部からの「ポツダム宣言」の受諾に基づき、国民の主権の要求によってつくられたというもので、それを氏は「革命」と呼んだ。だがそれはこう反論されている。新憲法が明治憲法の手続きを踏んで改正されたのではなく、GHQから突然与えられた憲法であり、そこには国民の要求があったわけではない。これが常識である（百地章『憲法の常識　常識の憲法』文春新書、平成十七年）。

しかし宮沢俊義氏らの「革命」という言葉は、私がこれまで述べてきたように、未来の「共産主義革命」の第一段階であるという意味をもっていると考えられる。戦後共産党員が釈放され、当時「進歩」勢力といわれた共産主義者にとっては宮沢氏らの「革命」すなわち日本国憲法が、ある意味で社会主義革命の第一段階の達成という意味である。《連合軍の進駐によって日本における民主主義革命の端緒が開かれた》と徳田球一が「人民に訴う」で述べた同じ「革命」である。この時代、宮沢をはじめ多くの法律学者がマルクス主義者になっていたことは、戦後の東大人文学科の風潮を見れば明らかであり、共産党第四回党大会の一般報告、共産党とＧＨＱとの関係を見れば明らかである。

《われわれは現在連合軍によって占領されているが、この事実を忘れてはならない。この連合軍はわれわれの敵ではない。のみならず民主主義革命の有力なる味方であり、われわれにとってまさしく解放軍そのものである。われわれが公然と合法舞台に現われ、農村に工場に活動を展開し得るに至ったのは全くそのお陰であることを深く明記せねばならぬ》（『徳田球一全集』前掲書）。解放軍のＧＨＱによって与えられた憲法が、まさに共産党のいう「革命」の一歩であり、その占領によって彼らの農村や工場の活動が可能になったという、この事実そのものが日本の新しい戦後憲法の出発点であることをいみじくも示している。

このような事実がこれまで憲法学者によって指摘されなかったのも、民主主義のアメリカがそこまで共産主義的であったとは思われない、という前提があったからである。アメリカにも共産主義者がいるし、この時期はとくに多く存在したのである。現在、ソ連が崩壊し、中国も共産党が支配しているとはいえ全体主義的資本主義国家となり、北朝鮮も明らかに全体主義となっている。日本人はこの憲法が、共産党、社会民主党によって支持されてきた理由を早く理解し、共産革命への第一段階を目指すものであったことを認識する必要がある。歴史・文化を忘れ権利だけを主張する憲法は、社会を荒廃させるだけであるのだ。ただ日本がこの憲法をもちながら必ずしもそうならなかったのは、ひとえに国民の保守精神が強固であったからである。

第四章　日本国憲法は社会主義憲法である

渡部昇一編『日本は憲法で滅ぶ』（総和社）に加筆

フランクフルト学派とOSS

すでに述べたように、「隠れ社会主義者」であったルーズベルトの下での蛮行といえば、そのひとつは広島、長崎への原爆投下であり、さらにもう一つはこれから述べる、「民主主義」の名の下の日本「社会主義化」への改造計画である。

一九一七年のロシア革命によってはじまった「社会主義」革命の動きは、ハンガリー革命、ドイツ革命に及び、いずれも失敗したが、西欧のマルクス主義者たちは、新たな「社会主義」の道を探ることになった。その理論を踏まえながら立ち上げられたのが、ハンガリーのルカーチなどが影響を与えた、フランクフルト大学の社会研究所の動きであった。

これは、一九二〇年代からソ連のレーニン主義の硬直化を批判する勢力としてあらわれ、現実の社会主義に対抗する動きを示した。労働者、農民の「革命」を志すのではなく（それはロシアのような後進国でしか通用しなかった）、「西欧マルクス主義」として、また西欧の資本主義の先進国における「革命」を目指す動きとして、もっとブルジョワ的な「文化」や「心理」を理解しなければならない、と考えた運動である。「暴力革命」などという言葉は誰も使わなくなったが、ジョルジュ・ルカーチの『歴史と階級意識』（一九二三年）などという書物の基本は、新しい形の「革命」を目指すものであった。それは第二次大戦後、欧米での「五月革命」、日本での「安保闘争」「全共闘」などの運動に強く影響した。

ヒトラーのナチス（国家社会主義ドイツ労働者党）がドイツの政権を獲得し、反ユダヤ主義が強くなると、ほとんどがユダヤ人で構成されていたフランクフルト大学の「社会研究所」の学者たちはドイツにいられなくなり、アメリカに根拠地を移した。そこに待ち受けていたのが、対独戦争に立ち上がったアメリカ政府である。ルーズベルト大統領はナチスに対抗する軍の戦略組織として、まず一九四一年七月ＯＣＩ（Office of the Coordinator of Information）を設立し、その責任者にドノヴァンを指名した。

すでに述べているがウイリアム・Ｊ・ドノヴァンを長として四二年発足したＯＳＳ（Office of Strategic Services）は、新たに設置された政治工作・宣伝担当の諸部門、すなわち「秘密情報部（ＳＩ）」、「特殊工作部（ＳＯ）」「モラル工作部（ＭＯ）」の整備に努めるだけでなく、ＯＣＩから引き継がれた戦時情報解析を担当する「調査分析部（Ｒ＆Ａ）」の拡充に力を注ぎ、全米中の大学や研究機関から優秀な学者や研究者を大量に駆り集めた。ＯＳＳは今日のＣＩＡの前身で、戦時情報・特殊工作機関の先駆である。しかしほかの軍事情報機関とは異なり、左翼知識人や亡命外国人をも積極的に採用するという方針を取ったＯＳＳが、ポール・バラン、ポール・スイジーといった米国共産党員だけでなく、全米の大学や研究機関から反独、反日の知識人を積極的に活用した。

ドイツに関する情報を担当する専門スタッフの人材源として目を付けたのが、一流のドイツ人学者を数多く擁した社会研究所であったのである。四二年の夏、マルクーゼ、ノイマン、ホルクハイマーといった社会学者が採用された。その中で、フランツ・ノイマンは代表的な社会学者であったが、戦後ソ連のスパイであったことが発覚した。

日本に対しては手薄であったものの、アメリカの日系共産党員を集め、また東洋学者を登用した。

オーウェン・ラティモアとか、ジョン・エマーソンもその中にいる。ライシャワーとかドナルド・キーンなど戦後の日本学者もその中で育てられた。また、その中の一人の法律学者といってよいのが、日本国憲法を作成した責任者、チャールス・ケーディスであった。

一九四一年の四月、OSSが確立する六月の二カ月前に、COI（情報調整局）の草案が出され、四つの「政策目標」が掲げられた。まず第一は、真珠湾攻撃によってはじめられたこの戦争にアメリカが《勝利すること》であり、第二は《日本から侵略の全果実を奪い返し、極東の非抑圧民衆を解放して「四つの自由」を打ち立てること》。第三は《二度と侵略を許さないよう、必要な措置をとること》であり、そして第四は《日本に、他の諸国民が信頼するに足るような真の代表政府を作るように鼓舞し、維持すること》であった。

この第二の「四つの自由」とは言論・表現の自由、信教の自由、欠乏からの自由、恐怖からの自由であるが、これはあたかも「自由の国」アメリカにふさわしいものに見えて、社会主義化といってもよい「自由化」であった。「欠乏」からの自由のために資本主義社会を変革しなければならないし、「恐怖」からの自由は、それ自体、権力に対する闘争を意味していたのである。「四つの自由」を得るためには、日本に「二度と侵略を許さない」ような「真の代表政府」をつくるということは、それ自体、「ブルジョワ革命」を目指すものであったといってよい。

六月に立ち上がるOSSの「日本計画」の方針もこの線に沿ったものであった。すでに第二章で述べたがこの政策に対するプロパガンダとして、AからHまで八つの目的が設定され、Aとして日本人が戦争での不敗神話を打ち崩し、敗北する運命を悟らせること、Bには《日本人が「天皇陛下のために死ぬことは永遠に生きること」と思っても、彼らは天子のためでなく、少数の権力に狂った軍国主義者のために自己を犠牲にするのであるから、実際は戦場で死ぬ彼らの息子たちが、神にはなれないと確信させること》と、天皇と軍国主義者を区別して、彼らを少数派として攻撃するように仕向ける宣伝をすべきである、としている。

この戦争が「正義」の戦争ではなく、天皇が支持していない軍部指導者の反逆なのである、という意識を植え付けるという方針を、すでに戦争当初に出していることは、彼らの二段階革命路線が浸透していることを示している。すなわち当面は、封建的勢力である軍国主義者を倒して、市民革命、つまり「民主主義革命」を起こし、その後、「社会主義革命」によって、天皇をも倒すという意味である。少なくともこの方針は、ソ連型の暴力革命路線とは一線を画するフランクフルト学派の路線をいくものであった。これはその後の社会主義政党の構造改革路線、二段階革命路線を示していた。

ＯＳＳからＧＨＱへ

日本国憲法をつくる責任者となるケーディスも、この流れを熟知していた人物である。一九〇六年、ユダヤ人としてニューヨークで生まれ、コーネル大学、ハーバード大学で法学を修めた。この大学時代にフランクフルト学派に接し、一九三三年にルーズベルト政権が発足して社会主義政策に近いニューディール政策がはじまると、それに参画した。真珠湾攻撃の直後に陸軍の幕僚幹部学校を卒業し陸軍省民政局に配置され、最初はヨーロッパに派遣されたがマッカーサーがＧＨＱを開くと、その優秀さを買われてホイットニーの下の民政局次長となった。ＯＳＳはルーズベルト大統領の死によって力を失い、トルーマン大統領によって戦争直後解散させられた。が、ケーディスはＧＨＱの中にとどまり、一九四八年末に帰国した。

ＧＨＱの中でも最初は共産主義者をどのように扱うかについて、司令部内にも見解の相違があった。民政局のケーディスらの左翼の社会主義志向派スタッフＧＳは、保守派で共和党よりのウイロビー少将を長とする参謀第二部のスタッフＧⅡと対立せざるを得なかった。マッカーサー元帥は、こうした対立を強く認識できぬ鈍感な人物であったから、占領初期にはこの社会主義派に自由に行動させていた。共産主義者に対するマッカーサーの態度が変わったのは、戦後二年たって冷戦の風が日本列島に吹きはじめてから、アメリカの方向転換がはじまったときのことである。この鈍感さが日本の戦後を決定づけた、ということができる。

アメリカ国務省でも、同じような社会主義者、ニューディーラーの名の下に左翼化政策が取られた。有名なＦＥＣ（極東委員会）二三〇号といわれる指令のように、財閥の解体からはじまって、独占資本を日本共産党の息のかかった労組などに二束三文で払い下げることや、革命行為があっても見て見ぬふりをしろ、といったロシア革命もどきの極左政策を命令していた。直接手足となってそれを推進したといわれるのは、民政局左派のホイットニーやケーディスであった。

その国務省から派遣されたエマーソンは、ノーマンと一緒に巣鴨の拘置所の徳田球一や志賀義男といった獄中の共産党員を解放した人物だが、彼は次のようなことをいっている。

《共産主義者は頑強で、毅然としていた。計画も持っていた。彼らは、自分たちこそ日本の軍国主義や対外的冒険に終始一貫反対してきた唯一の組織的な政治集団であると主張し得る正当な根拠を持っていた。彼らは、投獄、拷問、死を耐え抜いた殉教者でもあった。戦争犯罪のとがめを受けることもなく、「好戦的な国家主義の唱導者」というレッテルをはられる心配もなかった》（エマーソン『回想録　嵐のなかの外交官』）。

当時の国務省の指導者が共産党支持者であったのである。

《徳田と志賀が刑務所でわれわれに見せた宣言（それは連合国の政策を声高らかに賞賛していた）が、党機関紙「アカハタ」第一号に発表された。「人民に訴ふ」と題されたこの宣言は次のようにはじまっていた。「ファッシズム及び軍国主義からの世界解放のための連合国軍隊の日本進駐によって日本に於ける民主主義革命への端緒が開かれたことに対して、我々は深甚の感謝の意を表明する。米英及び連合諸国の平和政策に対して積極的に之を支持する」。宣言は続いて、天皇制の廃止と、人民の意志に基づく人民共和国の樹立を呼び掛けていた》（前掲書）。

ＯＳＳの一員で、日本共産党指導者の解放に駆け参じたもう一人の日本学者はハーバート・ノーマンであったが、彼が次のようにいうとき、日本国憲法の基本的「命題」が明らかにされる。

《日本の過去の封建制がその現在の状況に重くのしかかっていることは、現代日本研究者のあいだで、すでにわかりきった命題となっている。しかし、この定説が十分慎重にまた綿密に適用され、日本国民の政治組織や社会的映像をあざやかに照し出した例はほとんどない。封建制が日本の生活を押しつけている圧倒的な重味が充分に解明されていないために、精神的に怠惰な人々や、はなはだしくは本能的人種差別観にかたまった人びとにとって、日本帝国主義の暗黒の記録は日本人の本来もっている民族的特質に起因するものであるかの説をなす余地が残されているのである》と、「日本政治の封建的背景」で論じているのである（『ノーマン全集第二巻』）。

ここには、日本には封建制が重くのしかかっており、「日本帝国主義の暗黒」であったことが定説である、という認識がある。ノーマンはマッカーサーの友人であり、GHQの憲法作成に基本的な影響を与えていた歴史家であった。本格的に日本の歴史を、マルクス主義の理論のもとに考察した学者は、数えて見れば彼ぐらいしかいなかったからである。後はみな外交官であったり、単に法律家であったりして、日本に対する歴史認識は浅く、ノーマンのそれが最大の参考資料になっていた。

歴史家であれば、明治以後の日本が決して「封建社会」であったなどということはできないはずである。明治維新後の諸改革で、西洋の「近代」諸国以上の国家となっていたことは事実であったからだ。ノーマンもあるところでは《もっとも一八六八年の維新にひきつづいて多くの広範な改革が遂行されたことは疑いをいれない》などといっている。しかしこの歴史家のマルクス史観の教条主義が、GHQ左派に思想として植え付けられてしまった。ケーディスをはじめとする左派外交官には日本学者はほとんどいなかった。従って憲法草案にあたって、次のような日本観ができていたのである。

《封建時代と現代との境界を画した一八六八年の革命が中途半端であったために、封建日本は近代日本社会に消えない傷痕を残した。……資本主義経済の発展を妨げる封建的障害物を廃絶することを必然とした。……いかなる封建社会においても、土地に対する支配を権力の根源とする幅の狭い特権的支配階級とこの支配階級のために働く人民すなわち飢饉すれすれの線上に生活する抑圧された農民階級が存在する》（前掲書）。

このような「封建制社会」の規定から、日本の戦争以前を見ていたのである。《要すれば、徳川封建制の重い遺産として近代日本に持ち越され、民主的社会の自由な発展を妨げたいくつかの特質を摘出すること》（前掲書）を、ノーマンがその「日本政治の封建的背景」で論じたのであった。

この上に立って、ケーディスら日本国憲法草案者は、まず封建主義の除去からはじめ、そのために「天皇制」を利用し、「近代」日本からさらに次の「共産主義革命」を目指す、という了解がなされていることがわかる。それは日本共産党の認識と同じもので、講座派によって、説かれていたものであった。

ところで外交官エマーソンは、次のようなことをいっている。

《一九四五年には、われわれは、中国、日本、その他の国々が到達すべき目標は民主主義であるという点で同意することができた。われわれと共に、共産主義者は、ファシズムに対して相携えて戦っていた。後になってようやく、われわれは同じ言葉に終始違った意味を付与していたことが明らかになった。「われわれ」の民主主義は、「彼ら」の民主主義とは違っていた。そして冷戦が、それを引き起こした責任がどちらかにあるかはともかくとして、そうした食い違いのすべてをさらけ出した》（『回想録　嵐のなかの外交官』）

エマーソンはマッカーシー旋風の中で、過去を否定し変節したが、当時は完全に共産主義者であったことは、中国での野坂参三への協力や、徳田、志賀への評価で明らかである。しかし、戦後たしかに人々は「民主主義」と「社会主義・共産主義」を混同して使っており、それを左翼がうまく利用していたことは、今日やっと認識されるようになったのである。アメリカ国務省とＧＨＱが行った日本での政治改革は「民主主義」の名の「社会主義」政策であったのである。

日本国憲法が戦後民主主義の柱となったといわれるが、その憲法自身には不思議なことに民主主義という言葉が一度も使われていない。実にこの点にこそ、この憲法が別の目的をもっていることを意味している、というべきかもしれない。

マッカーサーはまず近衛文麿に憲法起草を打診した。しかしそれは早々に、ノーマンの近衛非難によって逮捕され、中断した。エマーソンは次のようにいっている。

《もし近衛が憲法の起草に当たっていたら、それは非民主的な性格になっていたかもしれない。しかし、われわれが勧告したように、責任ある日本人と米国人の間の緊密かつ持続的な協力が実現していたならば、おそらく自由な代議制政府の基本的原則が盛り込まれ、しかも、いま非難されているような英文の日本語訳ではなくて、日本語の憲法が生まれていたことだろう。もちろん、「米国製」の憲法が結局日本の法となり、それを修正しようという本格的な企てが行われることなしに、三〇年間も生き延びてきたのは、奇跡というべきことである》(前掲書)。

これは戦後三十年経って、アメリカ外交官が書いたものだが、「米国製」憲法がいかに不可思議なものであったか、自戒の念が込められているのがよくわかる。

エマーソンは中国で、野坂参三と接触し、彼から戦後の政策構想を聞いていた。そのなかで、共産主義的な色彩を帯びていたのは、「自発的集団農業」、政府による「独占資本」の統制、「超過」利潤の没収、戦後つくられる政府に共産主義者をいれること、といった主張であったという。彼は三段階の革命――二段階の「ブルジョワ民主主義革命」を経て終局的に社会主義を達成する――を予測していたと述べる。そして、第二段階の終わりに到達してはじめて、「封建主義の残りかす」――天皇制、華族、枢密院、貴族院――の解消、陸海軍の「民主化」（その廃止は要求していなかった）、未解放部落民に対する差別の撤廃を望み得ると考えていたと語っている。

この野坂はソ連にいたばかりでなく、アメリカにも滞在していたから、米国の動向を知っていた。その見解は、日本共産党よりもアメリカのＯＳＳの方針と似ている。天皇を断罪せずその力を利用して軍部を倒し、二段階革命を起こすというものである。しかしエマーソンは、野坂の構想以上のことが、ＧＨＱの共産主義者によって行われたと述べている。

《しかしこの時点で野坂がいかに想像力をたくましくしても、後にマッカーサー革命によってなしとげられた電光石火の改革、時には彼自身の願望を上回るような改革を思い浮かべることはできなかったであろう》（前掲書）

一九四六年二月四日、ホイットニー民政局長は憲法草案を作成することを告げ、ケーディスをはじめラウエル、ハッシーが運営委員となり、十七人のメンバーが八つの小委員会をつくって案文を作成した。ラウエルは日本の共産主義者による憲法研究会を知っており、鈴木安蔵の案文を英訳させて回読させた（小西豊治『憲法「押しつけ」論の幻』）。この鈴木も、フランクフルト大学の社会研究所に留学していた福本和夫の弟子で、二段階革命の理論家であった。

マッカーサーが指針として「三原則」のメモを渡したというが、それを書いたのは元帥ではなくケーディスではないかという説がある（本書第八章「戦争犯罪人という烙印」参照）。そこには、一、天皇の位置、二、戦争放棄、三、封建制度の廃止、があるがそれはかつてのＯＳＳが「日本計画」（一九四二年六月）

として出したものとほぼ一致している。天皇の地位が「国民統合の象徴」として残されたのも、そこで決められており、マッカーサーも承知していた。

「日本国憲法」はなぜ社会主義憲法か

「前文」はハッシーが起草したといわれるが、《平和を維持し、専制と隷従、圧迫と偏狭を地上から永遠に除去しようと努めてゐる国際社会》に《名誉ある地位を占めたいと思ふ》という文章は、日本が遅れた「封建社会」であり、まずそこから脱却することを目指す、と書かれ、日本に第一段階の「革命」を起すことが説かれている。第九条はケーディス自身が起草したものだが、軍隊を《国際紛争を解決する手段としては、永久に廃棄する》と書かれている。

後にケーディスは変節して、他国との戦争のための手段としての《目的を達成するため》を自分が書き入れ、それによって、自衛のための軍隊をもつことが可能になったのだ、と述べているが、しかし元々は他国に対する戦争だけでなく、「社会主義革命」を弾圧する軍隊は放棄すべき、という意図をもっていたと思われる。後に《九条の戦争放棄には「外敵の侵入を撃退したり、内乱を鎮圧するための戦争は含まない」という但し書きを付けておけばよかったかもしれません。しかし当時は大きな圧力があったので、そのようなことはありませんでした》といっているが、この「大きな圧力」とは何であったか。つまりそれは「共産主義」の圧力であったのである（竹前栄治『GHQの人びと』明石書房、平成十四年、一九八四年のインタビューより）。

元社会党の仙谷由人がいみじくも語ったように、自衛隊が「暴力装置」だという言葉も、マルクス主義的な用語であり、国家を顚覆させるのを至上目的とする共産主義革命の最大の障害物となるのが、軍隊であり警察であるからである。従って戦争反対、平和の名を藉りて「軍縮」を唱えるのも、それが武装解除によって暴力革命がしやすいようにという伏線があることになる。「軍縮」と労働運動の強化は連動している。これはマルクス主義の階級闘争理論のもち込みであることは、警戒しなければならない問題である。軍縮は列強の武装解除と階級闘争のもち込みによる、国家弱体化を示すものであるのだ。

日本国憲法第九条のルーツはマルクス主義国家論の実践であることは、階級闘争が成功すれば国家がなくなるという、国家否定の論理によるものである。変節したケーディスは一九八四年において、それを肯定することをいっている。《憲法第九条の其の発想者がだれであるかは、憲法制定のミステリー中の大ミステリーなのです。またこのころ、日本を二五年間非武装する案が、モスクワで議論されていました》。このモスクワの案こそ、共産主義者の案であるのだ。

また第十一条に「基本的人権」とあるが、ここには「人権」という言葉は、それまで人権のない差別や迫害されてきた国民であるという認識がある。第十二条の「自由の保障」や第十四条の「平等」についても、もともと封建主義の日本の下では、それがなかったという考え方が隠されている。第十三条における「個人として尊重される」も、個人がそれまでなかった遅れた社会であったことから生じている条項である。

この個人主義とは第十二条の「自由」と密接に関係し、「自由」が追求する「個人」という図式がつくられ、《生命、自由及び幸福追求に対する国民の権利》とされるが、その権利のためには、ただ「公共の福祉に反しない限り」とだけ書かれ、義務が課せられない。ここには常に権利の主張だけであり、かつての「大日本国憲法」には存在しないもので、役割分担の社会を差別と強制の「階級」社会ととる「社会主義史観」が隠されている。過去を知らない戦後の日本人は、かつての日本人があたかも奴隷状態にあったような錯覚にとらわれてしまった。第十四条の「平等」などという観念は、取り立てて述べる必要もないもので、仏教にも「平等のあるところ不平等あり、不平等あるところに平等あり」とあり、能力の別、運不運による区別なく、努力するところに幸福がもたらされる、ということは日本人は知っているのである。

こうした抽象的な言葉で述べることによって、あたかも正しい理論を与えられたかのように、法律家も学者も感激してしまったのである。日本人にとって当たり前のことを、この憲法では、「進歩史観」の概念にとらわれ、言葉にしているに過ぎない。第十五条に「すべての公務員は、全体の奉仕者であつて、一部の奉仕者ではない」とある。これは公務員の奉仕が、階級で差別すべきではない、といっていることだが、そのようなことは日本では千三百年前の「十七条憲法」ですでにいわれていることである。その第四条には役人は「礼」をもって民に接すべきだと述べ、十二条には役人は国土のすべての人々に税を平等に課すべきだと述べ、私心をもって事に臨んではならない、と語っている。それらを道徳観の上に立って行わねばならないと述べている。単に物理的な対処だけですむことではないのだ。日本の長い歴史の過程で、日本人が積み重ねてきた文化に対して、何ら考慮していない憲法など必要がない。

とくに社会主義憲法といえるのは、第十八条である。《何人も、いかなる奴隷的拘束は受けない》などと書かれている。マルクスは階級闘争の歴史を考え、古代奴隷制社会を想定したが、あたかも、近代日本に「奴隷」がいたかのように使っている。こうした事実を踏まえない、観念的なマルクス主義の言葉が顔を出している。

第二十条は《いかなる宗教団体も、国から特権を受け、又は政治上の権力を行使してはならない》とあるが、「国家神道」を否定するために、「神道指令」とともに記された条項であろうが、キリスト教国では到底考えられないものである。これは「宗教は阿片である」とするマルクス主義の無神論を、そのまま押し付けようとしたものといえよう。欧米の法律が、すべてキリスト教の「神」を想定して、その規律、道徳を述べていることを知っている者たちが意図的に書いたことは、日本人の精神性を抜き取ろうとする社会主義憲法としか、いいようがない。

一方で、これにより「信仰の自由」を述べたことになると考える人々がいるが、その「国家神道」そのものの「大日本帝国憲法」であっても、第二十八条に「信教の自由」はうたっているのである。明治時代にもキリスト教が取り入れられたことは、国家がそれを規制するが、すべて過去の日本が「封建社会」であったというマルクス主義史観による日本の過去の偏見に基づくものに過ぎない。すべて「公共の福祉に反しない範囲」とか「法律の範囲内」といった言葉が付帯されるべきなのに、それが記されていないところに、これらの「自由」に憲法のアナーキズム的な破壊主義が見られるのだ。

第二十四条に「家庭生活における個人の尊厳と両性の平等」が述べられているが、ここでは家庭生活の内部においての平等を述べており、社会全体における平等は述べられていない。しかしこの条項が根拠となって、男女共同参画法案など男女対立を煽り、家庭生活を破壊する傾向が顕著になったのは、ほかの条項のアナーキズム的な傾向の影響を受けたことによるものであろう。

この憲法の、最も社会主義憲法といわせる部分は第一二十五条である。「すべての国民は、健康で文化的な最低限度の生活を営む権利を有する」と述べられているが、ここには社会主義の理想である「労働に応じて生活を営む」から一気に「必要に応じて生活を営む」という状況までつくろうとしている。ここにはその「権利」だけが書かれ、それに対価としての労働の義務が語られていない。その後の二項では《国は、すべての生活部面について、社会福祉、社会保障及び公衆衛生の向上及び増進に努めなければならない》と、国家が丸抱えするような幻想を与えている。共産主義社会が、「必要に応じて取る」社会などという幻想のユートピアで、労働者を革命に誘導しようとしたが、ソ連のような「必要さえ到底満たされない」社会しかできなかったことは、その義務を忘れたからである。

これはワイマール憲法の第百六十三条に《ドイツ人民はその経済的労働によりその生活資料を求むることを得るべき機会を与えらるべし。適当なる労働の機会を与えられざる者に対しては必要なる生活費を支給する》という条項があり、この憲法の異常さが後のナチスの台頭を生んだことは、よく知られていることである。これは「ロシア革命」がロシアで成功し、ドイツで帝政が崩壊したあと、社会主義革命が起きたが敗北した、その一九一九年に制定されたもので、明らかに社会主義を目指したものであった。日本国憲法第二十五条はその内容と酷似しているのである。ケーディスはそれを知って書き入れたに違いない。これをケーディスは三月六日の日本政府案だと述べているが、社会党の森戸辰男の見解だといわれる。むろんマルクス主義の立場から加えられたものである。

第二十六条《すべて国民は、法律の定めるところにより、その能力に応じて、ひとしく教育を受ける権利を有する》、同条二項《すべて国民は、法律の定めるところにより、その保護する子女に普通教育を受けさせる義務を負ふ。義務教育は、これを無償とする》という条項もおかしい。日本では教育の機会均等が奪われたことはない。明治以来、子女に義務教育を受けさせせない家庭などほとんどなかった。労働者・農民階級が、常に教育が劣悪な環境にある、という漠然とした理解が、このような条項を生んだのである。

第二十八条の《勤労者の団結する権利及び団体交渉その他の団体行動をする権利は、これを保障する》という条文も、ケーディスは労働問題についても研究し、階級闘争を持ち込んだのである。ケーディスは後に《だれの手によったかわかりません》と白を切っている。

日本人もエマーソンがいっていたように、ふたつの「民主主義」の意味を混同していたのである。一方の意味の「社会主義」こそ、彼らの本当の意味だったのである。

まず基本的に、この日本国憲法の擁護論者が誰であるかを知ればよい。まず自民党は、戦後一貫して政権を維持しながら、憲法改正を行わなかったが、結党の趣旨は憲法改正である。また民主党も擁護論者が多いが、それらは旧社会党系、もしくは旧左翼であった党員で、鳩山、小沢であっても改正を考えたことがある。つまりこの憲法を一貫して擁護してきたのは、社会党であり共産党である、ということである。

この二つの政党は、方法の違いこそあれ、社会主義革命を目指しているマルクス主義政党である。普通、憲法というものは民族のアイデンティティーを保障したもののはずだが、この憲法はそうした保守の思想をもっておらず、それを破壊する要素をもっている。将来の社会主義を目指すのにふさわしい内容をもっているからである。しかしその「社会主義」「共産主義」の幻想も潰え去った現在、その形骸だけが残っていることになる。

第五章　ＧＨＱの占領政策をお膳立てした左翼工作集団「ＯＳＳ」

『正論』平成二十一年四月号

米国のＯＳＳという諜略組織

戦後憲法は米国から押し付けられた「お仕着せ憲法」であり、日本の伝統的な価値観がそこに反映されていない、というのが保守論壇で多くの識者が指摘してきた見解である。しかし、日本に憲法を押し付けた時の米国は戦後の米国とは異なり、異常な状態にあったことを忘れてはならない。すでに述べたように米国には占領政策を進めたＧＨＱより前にＯＳＳ（Office of Strategic Services 戦略情報局）という諜報組織があった。私は、日本国憲法が作成された経緯について論じ、われわれ日本人はＧＨＱばかりに目が奪われがちだが、それ以前に組織されたＯＳＳの方針で方向づけられた点を見失うべきではないと指摘してきた。戦後レジームの基礎となった日本国憲法は社会主義憲法の第一段階として位置づけられて制定されたものであることが鮮明に見えてきたからだった。

ＯＳＳはトルーマン大統領によって解散させられ、日本人にはその実態はいまだよく知られていない。しかし、私はその活動や実態などに目を向け、解明すべきだと考えている。ＯＳＳの組織には米国の左翼、とくに米国共産党や「隠れマルクス主義者」、日本共産党ら共産主義者も深くかかわっていた。米国はその後、反共主義へ方向を転換し、日本に憲法第九条の改正や再軍備を求めた。しかし日本は憲法を温存した。左翼が「平和と民主主義」をお題目のように唱え続け、虚構に満ちた戦後思想やそれに基づく戦後レジームが続いたのである。戦後の虚構の元凶であり、原点であるＯＳＳに迫ることが戦後レジームからの脱却に欠かせないと信じる所以である。

現代史はまだ歴史ではない、とよくいわれる。それはまだ隠されている史料も多く、常に書き換えを余儀なくされる可能性があり、その結果、表面的な分析になりがちだからである。近現代史家と名乗る歴史家がいるが、それは政治評論家に過ぎない。昭和史家と名乗る人々もそうである。彼らの言論の多くはリベラルな言辞が目立つ。つまり、自分は常に当事者とは距離を置き、いつも高みに立って確定した結果だけを論じる政治評論家の態度にも似ており、歴史への断罪、糾弾を繰り返すからである。

第二次世界大戦もいまだ現代史の範疇にある。新たな文書が次々と解禁され、それで史実が書き換えられる可能性を秘めているからだ。ＯＳＳの活動をまとめた史料こそ、まさに戦後の日本史を書き換えるのに値する価値をもっている。ところがこうした近現代史家や昭和史家と呼ばれる人々は、このような史料に対して沈黙するばかりなのだ。

これまで述べてきたように戦争責任を軍部に帰する論理も、実はここ十数年、米国公文書館で公表された新しいＯＳＳの資料で明るみに出されている。戦争責任をめぐり、軍部を糾弾してきたのは左翼だけではなく保守論壇でもなされることがある。しかし、それは戦時中の米国左翼のＯＳＳがつくったプロパガンダであって、その骨格もＯＳＳによって形づくられたのである。筋書きどおりに、国民はあたかも自分たちは戦争に反対し、軍部が庶民の反対を抑えつけて独走したかのような錯覚にとらわれたのである。

私の研究はワシントンの公文書館を訪れることからはじまったが、その内容の多くは世のブログにも公表され、岩波書店の『世界』や単行本などで左翼学者によってすでに指摘されている。だが彼らは、

ＯＳＳの謀略や工作活動を肯定的にとらえ、それに呪縛されてきた戦後を正しいという前提で扱ってきたのである。

ＯＳＳ設立の経緯

江藤淳氏は、戦後の日本が米国の占領軍が行った検閲による「閉ざされた言語空間」を問題にした。西尾幹二氏はＧＨＱによる「焚書」として歴史の抹殺行為が行われたことを指摘している。しかし、日本の歴史に対する抹殺行為はそれ以前のＯＳＳが行った、日本を敗北させるための情報謀略戦からはじまっていたのだ。

ＯＳＳの組織には完全な米国左翼、とくに米国共産党の面々が集い、切り盛りした。すでに述べたようにＯＳＳに左翼やマルキストが集ったことから、漠然とソ連共産党の指導を仰ぎ、コミンテルン型のような全体主義による統制形態であるように捉えがちだ。だが事実は違う。ＯＳＳは主にフランクフルト派系の理論によって支配された組織であり、徐々に対象を切り崩し、骨抜きを図っていくソフトな革命理論を志向する集団である。

ヒトラーはナチス結成直後から、自らの政治宣伝のためにいかに諜報活動を巧妙に利用したか。そのことが戦後知られるようになったのは、フランクフルト学派が摘発されたことによるところが大きい。フランクフルト学派はまさにユダヤ人社会学者によって構成され、ナチスの被害者であったからである。第一次世界大戦における英国の巧みなプロパガンダ戦略や、ロシア革命のレーニンらの革命戦略からナチスは学んだとされている。一九三三年に政権を獲得すると、プロパガンダ省をつくり、その大臣にゲッペルスを任命して、諜報活動を一層重視する政策をとったのである。

それを知ったルーズベルト大統領は、ナチスに対抗すべくまず一九四一年七月、ＯＣＩ（Office of the Coordinator of Information 情報調整局）を設立。その責任者にウィリアム・ドノヴァンを指名した。しかし日本との戦争がはじまると翌年、そこからＯＳＳを分離し、敵国に対し謀略を行う諜報機関とした。そこにドノヴァンを移す一方、ＯＷＩ（Office of War Information）を立ち上げ情報局としてＯＣＩを残した。

このＯＳＳによって一九四二年から大戦終結までの約四年間、ドイツと日本に対する情報をつかみ「心理戦争」を展開したのである。ドノヴァン長官は、政治・宣伝工作の諸部門を分け、とくに調査分析部（Ｒ＆Ａ）をおいて、その拡充に力を注いだ。そのために全米の大学や研究機関から反独、反日の知識人を積極的に活用した。ポール・バラン、ポール・スイージーといった名だたる米国共産党員だけでなく、ユダヤ人のフランクフルト学派の社会学者を採用したのである。四二年の夏、マルクーゼ、ノイマン、ホルクハイマーといった後の六〇年代の「五月革命」で名を残す左翼学者が名を連ねている。

ＯＳＳにこのような共産主義者を入れたことは、いかにこの時代、彼らに対するアレルギーがなかったかを物語るが、民主党のルーズベルト大統領時代、大恐慌を受けたニューディール政策など社会主義的な政策を取っていたことが、その原因であっただろう。ナチス・ドイツよりもソ連と近い関係をもっていたことも受け入れを容易にした。戦後のアメリカの反共姿勢と全く異なっていたのである。

フランクフルト学派の拠点、フランクフルト大学の社会研究所からは『偏見の研究』叢書が出された。同研究所ではナチスによる反ユダヤ主義の宣伝が研究対象にされた。後の戦後左翼思想のひとつの基礎となった、エリートや権威を否定する思想の根拠となる『権威主義的パーソナリティー』の概念も同研究所のアドルノとバークレイら世論研究グループによる研究成果である。この研究は反ユダヤ主義のイデオロギーがラジオや映画によってどのように伝播され、大衆を煽動・操作していくか、メディア・プロパガンダのメカニズムを研究したものだ。

ＯＳＳもナチス・ドイツの行った心理戦の様々なノウハウを取り入れ日本に適用しようとした、と考えられる。日本の弱点を知り、それを拡大宣伝して、日本の弱体化を図る方法を模索した。まずそれは「日本計画」というもので、陸軍省軍事情報部、心理戦争課長であったソルバート大佐によって書かれた。この「四二年テーゼ」については第二章、第三章に書いたので繰り返さないが、そこで意図されたことは、日本の各層の分裂を助長することであった。

天皇を「象徴」として残し、平和を願う天皇と、戦争に追い込む軍部とを対立させることも彼らのねらうところであった。ここにあるのは階級史観で、階級の利害が異なれば闘争が常にあると考え、それを助長させれば混乱が起こり、果ては革命が行われるはずだという考え方である。しかし事実は戦争中、ほとんどの日本人の各層を上げて、一致して戦争に協力したのであった。

日系共産党員がＯＳＳを牛耳った

ＯＳＳの動きに在米の日本人共産党員が多数加わっていたことが今日明らかにされている。とくに戦争が米国に有利となった四三年以降、日本自体に工作を行うために、日本語をよく知っている要員が必要になった。日系人を利用することをドノヴァン長官に進言したのはハーヴァート・リットル少佐であったが、最初に招集されたのがみな、米国共産党の日本人部の人々であった。藤井周而《しゅうじ》は日本人部の幹部であり、戦前、ロサンゼルスで日本の軍部に反対する新聞「同胞」を発行していた。その実績を買われて彼はサンタアニータの日系人仮収容所から連れ出され、一員に据えられた。四四年四月までに日系共産党員ばかり十四人がこの組織に参加することになった。彼らがすべて共産党員であったことは、ふつうの日本人であれば米国の機密事項を洩らす危険性があったが、彼らが反軍部、反権力であると考えられたからであろう。この計画は「マリーゴールド・プロジェクト」と呼ばれ、次のことが目標に掲げられた。

1　破壊的な諜報の印刷物やラジオ制作に有能なスタッフを訓練させること。
2　白人スタッフに日系人の心理、態度、反応の仕方を学ばせること。
3　海外の前線に制作物を輸送、配布するとともに、将来的には前線の近くで、諜報活動に当たらせる体制づくり。

この諜報戦のプロジェクトを監督したのが、日本学者のライシャワーの上司にあたるハーバード大学燕京研究所長のエリセーエフ教授で、そのほかに国務省のユージン・ドーマン、海軍諜報部のチャールズ・ネルソン・スピンクス、ＯＷＩのジョン・マキなど米国左翼の日本研究者が名を連ねていた。

しかしその中でＯＳＳの重鎮と考えられるのは米国共産党の幹部であるジョー・小出《コイデ》であった。小出は米国共産党内部でも頭脳明晰と評価され、語学力も抜群であった。本名は鵜飼宣道で、弟は東大教授ともなる法学者の鵜飼信成である。米国からソ連に派遣され、レーニン・スクールで鍛えられた、といわれる。ソ連ではコミンテルン本部で野坂参三とともに、日本の共産党や労働組合向けの新聞・パンフレットを編集・発行していた。日本船の船員に秘かに神戸、横浜に持ち込ませ、投函させていた。

ＯＳＳの要員にハーバート・ノーマンや都留重人がいたことは知られているが、小出はシカゴに亡命していた元早稲田大学教授の大山郁夫（一八八〇—一九五五）と接触し、次のような手紙を書いている。《米国も、愈々一世徴用に、手をのばしました。早晩、先生にわたりがつくと思います。だが、我々とちがって、先生は輝かしい過去と、明るい将来をもっておられます。戦後の民主日本建設の大事業を考えて、呼び出しの手にのらぬよう、御自重ねがいます》。それに対し、大山は《私も、齢をとりました。実践は、若い方におまかせしましょう》と返信している。

大山は日本の労働農民党の委員長だったが、一九三二年に米国に亡命していた。小出はＯＳＳの方針通り、日本国民と軍部との離反を工作し、天皇を批判せず、その反軍部的な発言を利用しようと考えた。野坂参三は延安時代から、天皇批判をなるべく避けるように、という対日プロパガンダの仕方を学んでいたのである。これはＯＳＳの天皇を象徴として戦後残す方針に沿っていた。

米国共産党はルーズベルト大統領との関係が深かった。ルーズベルトの容共政策については、これまでソ連コミンテルンの影響によるとの見方が広範になされてきた。日本を左傾化させるさまざまな施策についてコミンテルンとルーズベルトとを結びつけて論じる見方が広く取られているが、むしろ、ルーズベルトの容共の基本は、行政機関内部に共産党員を取り込んだことによると考えられる。そして、それは米国の占領政策の基本となった。こうした見方はこれまでなされてこなかった。

ＯＳＳの極東部は一九四三年には再編成され、日本全土ならびにその支配地域に活動範囲を拡げていった。極東部が雇った日系人は五十五人であり、その三分の二が一世で、残りは二世だった。同部のリーダーが小出のような一世の米国共産党員であった。ただ一世といっても、小出の本名が鵜飼なのに、この名を使っていたのは米国への帰化ができず、死亡した他人の名前を使わざるを得なかったからである。このような異常事態だからこそ、彼らはある意味で市民権を得たのである。実際は彼らは出国はできても、再入国は無理な法律的立場にいたのである（ジョー・コイデ『ある在米日本人の記録』上下、有信堂、昭和四十五年）。

覚書偽造など謀略の数々

彼らは日本内部に分裂があればそれを助長するというＯＳＳの方針に沿ってさまざまな諜報活動を行った。例えば、中野正剛が激しく東條英機を批判して逮捕され、自殺した事件を利用して、偽造文書をつくり上げた。ＯＳＳファイルの偽造文書に中野正剛の遺稿と称する「大東亜戦争覚え書き（その二）」がある。中野は昭和十八年（一九四三）十月二十一日に東條英機倒閣容疑で逮捕され、釈放後、自殺した。この政治家の「覚え書き」が偽造されたのである。

覚え書きには「その一」とするものがあったために、偽造された覚え書きは「その二」とされた。そこにはドイツの敗北を早くも想定し、早く米英と平和条約を結ぶべきだ、と書かれている。《日本は負ける》と述べていたとされる中野の言葉として、あたかも真実のように語られており、《彼らの要求する無条件降伏に応ずるの止むなきに至るか。……私をして言はしむれば、此場合ドイツ敗戦と共に直に米英と平和を締結せよと言ふのである》ともっともらしく書いている。

東條英機批判のために偽『写真情報』誌が発行された。これも東條政権をおとしめる目的で出された宣伝であるが、終戦の前年に出されたもので、日本国民と軍・政府との離反を画策している。これには写真が付けてあり、特攻隊の敬礼する写真と、東條英機の肖像と芸者の、明らかに合成写真とわかるものが掲げてある。文章は米国の攻撃がいかに激しいものであるかを強調して日本人を脅し、次に東條首相がいかに国民を欺いているかを語っている。

《米鬼の空襲は本土に来た　神州を護れあわてずに　周到に　敵の誇る空の超要塞は　何萬来るか何百萬噸の爆弾を落とすかも知れぬ　用意はいいか》。

《皇軍が、見事に真珠湾を爆撃し、沼南やバターンを陥落した時、吾々はホンタウに東條首相自らが云つた様に、大東亜戦争共栄圏の建設も間近にあると信じ、お上に言はれる迄もなく吾々國民は遊興処か、それこそ、文字通り食ふや食はずで身を粉にして働いて来た。だが上の写真を見てくれ。何百萬と云ふ吾々の兄弟が御國の為だと思つて血みどろになつて戦つてゐる時に、よくもこんな事が出来るもんだ。待合や藝者屋を閉めろと命令しながら、彼の云ふ事と實際と丸であべこべではないか。

反枢軸國が形勢を挽回して、攻勢に出てゐる今日、又我國では上下一致して國難に當らんが為め必死の決戦体制にある時、首相も自らが此有様では我國の将来は思ひやられる。我々は果たして東條首相に今日の多難な國事を託すことが出来るであらうか。これでは到底取り返しのつかぬ事になるだらう。憂國正義団》。

まさに戦後の左翼やリベラルな言動で知られる評論家による軍部批判と同じような内容が、このＯＳＳのブラック・プロパガンダには盛り込まれていたのである。共産党員の小出らが直接、こうした文書をつくったかどうかはわからないが、知っていたことは確かであろう。彼らは日本が一丸となって国難にあたり、必死の決戦体制にあることを知っていた。その日本人と東條体制を離反させようと、芸者の中の東條首相という合成写真をつくったのである。東條首相がまともな肖像写真から取られているので、およそ芸者衆と馴染んでおらず、その猥雑な写真は、逆効果だと思えるほどである。

偽造の斎藤茂吉編の歌集も出され、この人気歌人が反戦的な歌を好んでいるかのように編集されている。もっとも新しい歌をつくったのでなく、これまで出された厭戦的な歌を選んでいるだけなので、読む人々に意図が通じたかどうかはわからない。《友の死を悲しむに非ず　自らが幸《さき》くありしと　安らかにも非ず／青山星三》とか、《たは易く勝てりと記する新聞の　或る日の記事を　いきどほりしも／小暮勇》などの歌は、かえって戦争にかかわって生きていく素直な感情の歌で、必ずしも反戦的だとは思われない。

戦争末期にはＯＳＳによって「新国民放送局」が編成され、日本の軍部批判、敗戦必至を訴える戦局情報が勢いを増した。米国軍はサイパンに放送局を設け、そこからブラック・プロパガンダを展開した。それが効果を上げたかどうかはさておいて、私が重要視しているのは、こうしたプロパガンダで流された情報が戦後の占領体制の基本情報になったということである。その中に軍部の横暴を示すために、「従軍慰安婦」の問題が取り上げられている。よく読むと、戦後のこの問題が、この頃つくられたひとつの捏造事件であったことをいみじくも露呈しているので、取り上げてみよう。

「従軍慰安婦」問題の発端

これはOSS宣伝関係資料の番組台本に書かれていたもので、実際には五十七回目の放送で流されたものである。その物語は、ある日本人兵士がビルマ戦線に向かう船の中で、ある朝鮮人の若い女性と出会うところからはじまる。その女性が前線での看護婦の仕事はどんなものであるかを聞くと《慰安婦が看護婦の仕事もするとでもいうのかね》と答えたので、《なんですって。私が朝鮮人だと思ってバカにしているのではないか》と怒って聞き返す。この女性は慶尚北道の生まれで、日本の憲兵隊支所の「特殊看護婦募集　朝鮮人のみ」という張り紙を見て、是非看護婦となって兵士を看護したいと思い、自ら募集に応じたという。

そして一九四三年の十月二十五日に二百円のお金を与えられ、釜山の憲兵隊本部に出頭した。そこには十五、六人の朝鮮人女性がおり、ともに広島の宇品の輸送隊に連れて行かれ、そこからビルマ戦線に送られたと語られる。そこではじめて自分が兵士の売春婦になることを悟らせられたという。

よく朝鮮人の若い女性が「強制連行」され「従軍慰安婦」にされた、という説がここ二十年ほど、まことしやかに流れ問題となったが、戦時中流れたこのブラック・プロパガンダでさえ、「強制連行」

などではなく、「看護婦」として従軍しようとした例として出されているのである。いかに戦後誇張されて持ち出された問題かがわかる。この女性がその後、「慰安婦」にされたかどうかもわからない。しかも、戦後行われた「慰安婦」の調査で、看護婦募集の名で慰安婦を募った例はない。もともと「看護婦」の経験がない女性を船に乗せ、どうしたらいいかは採用された後に指示されるなど、看護婦の職制を考えればいかにおかしなものか。ともあれ、雑役婦の仕事だとか、女子挺身隊としてとか、人狩りの如く連れ去られたという「従軍慰安婦問題」は、ＯＳＳの反日捏造レポートでさえも、もっと穏やかな内容だった。戦後の従軍慰安婦問題がいかに荒唐無稽であるかを示すものだと思う。

ちなみに、このＯＳＳの戦時中の反日プロパガンダには、一九七〇年代以降問題となった「南京大虐殺」がひとつも出てこないことにも注目しておきたい。ＯＳＳのプロパガンダには満洲事変、支那事変など、日本軍の残酷さを暴こうとしたレポートがたびたび盛り込まれている（第四十二、六十一、七十四、八十七、九十二回など）。しかし三十万人も死んだとされるあれほどの事件が事実であれば、持ち出されないはずがない。にもかかわらず、一行も触れられていないのである。

秩父宮殿下を利用

では、ＯＳＳがもち出したものは何か。それは軍部によって監禁された秩父宮殿下のニュースで、日本国内の分裂を助長することをねらった情報である。すなわち秩父宮殿下が和平派として登場し、軍部と対立して監禁されたというものだった。もともと天皇を象徴とし、皇室は温存させる方針であったにせよ、彼らが和平派で軍部と対立している、ということを宣伝し、国民の天皇への忠義を軍部批判に向けさせようとしたのである。

《我等一億國民ガ愛戴スル秩父宮殿下ハ五年八箇月前カラ軍閥ニ依ツテ監禁サレタ。軍閥ハ且ツテ殿下ガ皇族ヲ代表シテ亜米利加ト講和スルノヲ恐レタ為デアリマス。殿下ハ御理想ハ誠ニ新日本ノ象徴デアリ、我等國内外ニ居ケル同胞ハ殿下ヲ愛戴シ、其シテ英米蘇諸國ノ軍力ガ欧羅巴カラ日本ニ向ケル前ニ我等ハ和ヲ講ズルベキデアルコトヲ固ク信ジマス。此レガ我國ヲ破滅カラ救フ唯一ノ望ミデアリマス》。

この文章は殿下が英米と同盟することを望んでいると宣伝している。たしかに秩父宮がもともと英米の大使と懇意であり、また天皇と緊張関係にあったことを知って、このようなもっともらしく、殿下が監禁されたという事件をつくり上げていたのである。和平主義の皇室と軍部の対立をOSSはあくまで望んでいたのである。

戦時中にOSSにより、「日本人民反戦同盟」という、まるで戦後の学生組織のような名前の組織が存在したのである。そこには鹿地亘《かじわたる》という一九三六年に中国に渡っていた日本共産党員がいた。東大文学部を出た後、マルクス主義芸術運動に参加し、入党後すぐ検挙され、釈放後、武漢、重慶と日本軍の進攻を避けるように逃げ、国民政府と協力しながら、日本兵捕虜を教育しようとしていた。国民政府を批判したために逮捕され、鎮遠の捕虜収容所に入れられていたが、OSSが目を付け、諜報活動を指示した。ドノヴァン長官の特使ファーズ准将、リトル少佐が訪ね、米国国務省の書記ジョン・エマーソンなどが会見している。この鹿地亘を彼らは重視していたのだ。

この「日本人民反戦同盟」は十五人の日本人からなり、リトル少佐の代理がワシントン米政府に書簡を送っている。《私は鹿地を日本班の長に使う計画を持っている。（１）米国からの二世、一世のグループ、（２）重慶の鹿地の組織から選んだ数人の捕虜グループである。これら二つのグループを一つの作戦班にまとめ、昆明郊外の安全な基地で生活させ、作業させる予定である》。《鹿地自身は、平均的な日本人に容易に受け入れられる憲法や政府組織の構想を非常に短時日に提示できる能力をもっていると、私は確信している》と、鹿地を評価している。この手紙を見出した山本武利は、この鹿地については《戦前戦後を通じ、日本共産党を国際的、国内的に指導した野坂参三に比べると脇役でしかない》（『ブラック・プロパガンダ』岩波書店、平成十四年）と述べている。

野坂参三の帰国

野坂参三については、米国軍が彼と組んで、終戦前に日本への潜入計画「アップル・プロジェクト」をもっていたことが知られている。中国の共産党と日本の共産党との仲介の役を演じようとする計画である。ただＯＳＳが日本の共産党を過大に評価しており、結局それは実現にいたらなかった。

野坂はＯＳＳと組んで、中国から日本へ工作員を潜入させようと意図していたことはその資料から明らかにされている。戦争末期の四五年七月六日のことであるが、《工作員が日本に潜入すれば、共産党の地下組織との接触が図られ、彼らの保護を得て、諜報システムが展開されるであろう。潜入計画の初期の諜報活動は、共産党グループが潜行している特定の地域、工場、施設のみを対象とするであろう。権力者による日本人民への支配は強固なので、諜報活動の範囲の広がりは遅滞し、困難であろう。活動は空襲による混乱や人々の疎開といった支配機構の弱体化を利用して展開されなければならない。……日本本土の情報は不足している。一方、共産党は健在であるため、この工作は危険を冒してまで決行されるべきである》（OSS資料一九四五・七・六）。

あたかも共産党が戦時中活発であったかのような書きぶりであるが、実際共産党の内実は脆弱だった。この情報をもたらしたのは岡田文吉という共産党員で、一九四三年夏、徳田球一の指令で延安にやって来たという。この計画は、OSSが日本への働きかけを情報戦というレベルから一歩進め、日本潜入という大胆なプロジェクトを進めようとしていたことを示している。

連携相手が諜報活動に精通したソ連の諜報機関ならいざ知らず、日本の共産党とその力を過大評価していた米国という組み合わせでは、その行く末は火を見るよりも明らかだろう。この潜入計画は、結局、具体化しなかった。終戦直後の野坂の帰国に期待が集まることになったのである。

野坂は一九四五年十二月十九日付の北朝鮮の平壌から米国軍のソウル駐屯司令官にあてた手紙を書き、そこで、いかに共産党が米軍と協力してきたかを語っている。

《私は華北で日本人解放同盟や日本農学校を組織し、日本の侵略に反対し、民主日本を樹立する闘いを展開してきました。私は日本共産党中央委員会の元委員です。……昨年七月に延安で米軍軍事視察団が設立されて以来、日本軍国主義者の心理戦争について、その使節団とずっと関係をもち、日本軍や日本国内の情勢についての情報や材料を提供してきました。……私は他の日本人三人とともに、日本人民解放連盟ＪＰＥＬの指導者ですが、米軍事使節団にお願いし、延安の米当局者の許可を得て、他の乗客と延安を発ち、モンゴル、満洲経由で九月十三日朝鮮の平壌に着きました》とそれまでの経過を述べ、そして日本に帰国できるように要請をしている。《私たちは日本に帰国すれば、今までのように日本の軍国主義の絶滅、日本民主主義の樹立、太平洋の恒久平和のためにあらゆる努力をする所存です》と述べている。日本共産党は野坂を中心にいかに米国と内通していたか、これほどのことがあったかどうかははじめて明らかになったことである。

米陸軍のＣＩＣ（対敵諜報部隊）は直ちにソウルで野坂参三と会い、東京行きを許可している。驚かされることは、米軍のこの諜報部隊がまるで彼ら自身、同じイデオロギーの同志であるかの如く、今後の野坂の政治予定、政治目標を記しているのである。

《今後の予定、東京に向い、共産党指導者の徳田球一、志賀義雄と接触する。社会党の指導者の松岡駒吉、鈴木文治とも会う。……彼の今後の政治目標、１　日本の民主化、２　大企業の国営化、３　民主原理に基づく憲法改正、４　あらゆる勢力の糾合、５　ポツダム宣言の実行、６　生活状態の改善、７　四つの自由の達成、８　現在の日本支配体制の解体》と、ここで戦後の日本の占領軍の方針が、すべて語られているのである。かえってこれらの方針が、達成の困難になる障害として《１　社会主義、自由主義指導者による拒否、２　人民説得に要する時間の長さ、３　現在不明の連合軍の政策、４　軍部の若い将校、判事、内務省の役人などの抵抗運動、５　神風特攻隊や武勇隊のような組織による地下運動やテロ》（Ｃ資料、Nosaka.一九四六・一・三）が挙げられている。

こうした社会主義的な政策が、かえって社会主義者、自由主義者の妨害に合うのではないかと危惧しており、まだ連合軍の政策が固まっていないことに不安を抱いている。また一部の軍部の抵抗、役人の反対を恐れ、右翼やテロさえ警戒しているのである。野坂の帰国によって、あたかも左右の動きから反対されるのではないか、と考えているのである。

彼の「回想記」によると、野坂は平壌に来る前にモスクワ訪問をしており、コミンテルンの指示を仰いでいることが明らかにされている。そのことを述べていないのは、それでは米国の支持を得られないと思ったからだろう。しかしそうであっても、この方針自体が、共産党の路線に沿っており、それに米諜報機関が同調していたことに驚かされる。

野坂は帰国後も米国から支持され、歓迎されることを期待していた。確かに四六年に戦後憲法が成立するまでの米国の方針はそうだった。しかしＯＳＳは新しく就任したトルーマン大統領の命で解散させられる事態となり、ＧＨＱが新たに編成されてマッカーサーが日本統治の実権を握ると、共産党の役割は小さくなっていった。

ソ連との冷戦がはじまり、あらたな諜報組織、ＣＩＡが準備された。最近出された『ＣＩＡ秘録』（ティム・ワイナー著、文藝春秋刊）もこのＯＳＳについてはほとんど書いていない。ドノヴァン長官の行為はなきに等しい扱いにされてしまっている。しかし日本にとっては、米国のＧＨＱの政策も、東京裁判の帰趨も、天皇を象徴とする戦後憲法の制定も、すべてひとつの共産主義路線に影響されたＯＳＳのお膳立てによってつくられ、占領体制が形成されていったことを忘れてはならない。

第六章　マッカーサーはＯＳＳによって操られた

マッカーサーが決めたことではない

まず最初にいわなければならないのは、天皇の存続はＧＨＱのマッカーサー元帥が決断したわけではないということである。

今上陛下の御在位二十周年の年に、日本国内でその意義についてこれまで以上に語られた。陛下は大東亜戦争時、まだ少年であられたが、その戦争中の御記憶は、戦後の陛下の思想、行為に大きな影響を与えられたに違いない。戦後、陛下が「象徴」になられたとはいえ、それまで天皇がなされ続けた伝統的な祭祀を宮中三殿で続けられている真摯さは、これから述べるような米ソの戦中、戦後のあらぬ方向への動向に対する強い抵抗であった、と考えざるを得ない。

今上陛下は終戦の年、十一歳であられた。全く幼少とはいえない年代である。そのとき、父君の玉音放送を疎開先の奥日光で聞かれた。また疎開先でありながら、皇太子として天皇の歴史はじまって以来のその存亡にかかわる重大な日々を過ごされたのである。

　爆撃にたふれゆく民の上をおもひいくさとめけり身はいかならむとも

昭和二十年九月二十七日、「身はいかならむとも」の言葉どおり、自らの生命を他国の最高司令官に委ねるという決意を固められて、昭和天皇はマッカーサー連合軍最高司令官をアメリカ大使館に御訪問されたのである。

《私は、国民が戦争遂行にあたって政治、軍事同盟で行なったすべての全責任を負うものとして、私自身をあなたの代表する諸国の裁決にゆだねるためにおたずねした》。

つまりマッカーサーの『回想記』に書かれたような、敵国の最高司令官に敗戦国の天皇として、決意をもって御訪問をされた。この重大な御行為を、例え御幼少の身であっても体験されたことは、われわれ国民が考える以上の感慨があったと思われる。それは未来の天皇の地位にも深くかかわっていることであるからだ。その御体験はいまだ語られていないが、深く胸のうちに秘められたに違いない。

ただこの『回想記』には、その前の文章としてマッカーサーが次のように書いたことを注目せざるを得ない。

《ワシントンが英国の見解に傾きそうになった時には、私はもしそんなことをすれば、少なくとも百万の将兵が必要になると警告した。天皇が戦争犯罪者として起訴され、おそらく絞首刑に処せられたことにでもなれば、日本中に軍政をしかねばならなくなり、ゲリラ戦が始まることは、まず間違いないと私は見ていた。結局天皇の名はリストからはずされたのだが、こういったいきさつを、天皇が知っていなかったのである》。

天皇の言葉に感動させられる前に、天皇が前もって連合軍の方針を知らなかったことをマッカーサーが指摘しているのであるが、ここでマッカーサーの発言で誤解してならないのは、彼自身の判断で天皇裁断を行ったことではない、ということである。戦争犯罪者のリストから外したのはすでに既定の方針であった、と述べている点である。というよりも、マッカーサーはそのような判断を下す位置にはいなかったのである。

私たちの多くはマッカーサー元帥がＧＨＱを支配し、その方針によって戦後の日本が指導された、と考えてきた。彼自身も『回想記』で、《私は日本国民に対して事実上無制限の権力をもっていた。歴史上いかなる植民地総督も、征服者も、総司令官も、私が日本国民に対して持ったほどの権力をもったことはなかった。私の権力は至上のものだった》などと書いている。たしかにトルーマン大統領はマッカーサーに《天皇と日本政府の統治権は、連合国最高司令官としてのあなたに隷属する。あなたは、あなたの権力を思う通りに行使できる》などと書いている。マッカーサーに「史上空前の全権を与えた」という研究者もいる（西鋭夫『国破れてマッカーサー』中央公論新社、平成十年）。

確かにその軍服の姿が日本にあらわれ、サングラスのアメリカ人の典型として君臨していたかに見えた。一方で彼はフィリピンの日本軍との戦いに敗れコレヒドール島から脱出しており、日本にこっぴどくやられその復讐心に燃えていた、などともいわれた。しかし彼はあくまで最高指揮官である大統領によって指名された部下の一人であり、彼の一存で日本を采配できたわけではなかったのだ。天皇を象徴として残すという点も、すでにルーズベルト大統領の一九四二年の段階でOSSの「日本計画」によって方針が与えられており、それが軍諜報部や国務省経由で、マッカーサーに伝えられていたと考えられるのである。

OSSの長官ウイリアム・J・ドノヴァンが、四五年の五月十一日に加瀬スイス駐在公使と会談し、四月にルーズベルトの死後大統領になっていたトルーマンに、加瀬が出した和平の条件として、《日本の共産化を防ぐ唯一の条件としての皇室の維持》を述べている。ドノヴァンはそれをアメリカにおける日本問題の最高権威であるグルー国務次官（前駐日大使）も同じ考えだと思うと加瀬の発言を伝えている。しかしOSSの長官としては、すでに既定の方針であったのであり、この発言以前に知っていたことなのである。トルーマンもこのＯＳＳの意向を伝えられているのである。

トルーマン大統領からマッカーサー連合軍最高司令官に宛てた指令は数多くある。天皇の地位に関する指令は、この天皇との会見の後でも次のようになされている。それは四五年十一月三日付の「降伏後における初期の基本命令」の中で、《貴官は、合同参謀本部との事前の協議及び合同参謀本部を経て、貴官になされる通達なしに天皇を排除したり、又は排除しようとする措置をとってはならない》と命じている。

興味深いのはこの会談を報じた「ニューヨーク・タイムズ」（十月二日付）の記事である。

《内務省スポークスマンが、外国記者団に語ったところでは、マッカーサーと天皇は、無事、占領が行われたことを喜び、感謝しあった。天皇は、誰が戦争に責任を負うべきかについてマッカーサー元帥が何ら言及しなかったことに、とりわけ感動した。天皇は個人的な見解として、最終的な判断は後世の歴史家に委ねざるをえないであろうとの考えを表明したが、マッカーサー元帥は何ひとつ意見を述べなかった。それから両者は、占領施策について議論を交わし、天皇は、占領の進捗状態にきわめて満足であるといい、マッカーサーは天皇の助言を歓迎すると述べた。そして最後にスポークスマンは「答礼の訪問」を強調した》。

この記事では逆にマッカーサーが天皇の責任を問うことがなかったことに天皇の方が感動した、と述べている。これはマッカーサー自身、すでに国務省からそのような指令を受けていたからであって、彼自身の判断ではない。マッカーサー自身が、天皇の責任を取らせないと決断したわけではなかったことは、その『回想録』の言葉でも推測できるが、その指令がいつ来たかという問題に関しては、一九四四年の国務・陸軍・海軍三省調整委員会（SWNCC）という合同組織で議論されたという可能性がある。

そこで天皇を利用しながら占領政策を進めた方が得策だ、という知日派による意見が通ったというのである。ところがこの二十年の間にアメリカ公文書館から出てきた新しい資料は、これまでの日米間の戦中、終戦直後の歴史を一変させた。それは一九四二年の段階で提案されていたのである。

この時代の歴史書に書かれていることであるが、大東亜戦争から戦後にかけて、アメリカ、ソ連が歴史を主導したことは、ヤルタ会談、ポツダム会談に示されている。戦後の世界の形を両国がイギリスに取って代わって形づくろうとしたことは知られている。しかし、ふつうアメリカとソ連は最初から対立していたと見られがちである。すぐに「冷戦」がはじまり、社会主義と自由主義とに分かれるような、異なったイデオロギーがはじめからあったと考えられている。

だが事実は異なっていた。アメリカの方針は、決して冷戦以後の反共産主義の路線ではなかったのである。さらにソ連のスパイにより、コミンテルンの方針に従っていたわけではないこともわかってきた。「ヴェノナ文書」におけるソ連スパイの存在よりも、アメリカ自身の共産主義者の暗躍がその方針をつくり上げていったことが、理解されるようになったのである。それもマッカーサーのような反共のアメリカ人政治家たちによって決められていたわけではなかったのだ。

驚くべきことは、戦後ある時期までトルーマン（ルーズベルトから引き継いで）とその部下たちは、スターリンとほとんど同じ、世界の共産主義化に同意していたことである。端的にいえば、アジアの共産主義化をあの時点でアメリカ一国でもつくり上げようとしていたのであった。戦後の日本の占領期における検閲に至るまで、それが貫かれていたことである。つまり両国は一致して、ある時期まで中国と日本の社会主義化を意図していたのであった。

このことは一九四一年から始動し、四二年に立ち上げられたＯＳＳの存在によって、明確になっている。すでに述べてきたように、この組織は終戦時にトルーマンによって解散されたものの、マッカーシズムがこれらを摘発するまで、アメリカの日本占領を支配した組織であった。マッカーサーの下にいたＧＨＱにおける左派が受け継ぎ、それをマッカーサーの指令として出していたのである。

私は前章で、すでに日本共産党員の野坂参三のＯＳＳとの協力関係について論じたが、アメリカは彼を通じて、日本の共産化を図っていたことが明らかになっている。一方でアメリカは中国共産党を援助し、その中国支配を望み、それを着々と進行させていた。アメリカが蔣介石の率いる国民党勢力を支持しているのではなかったことを、少し詳しく本章で語るつもりである。

日本共産化を天皇が防がれた

しかし日本の共産主義化は、それに比して大変困難であり、その大きな要因は天皇の存在の大きさであった、と述べていたことに注目しなければならない。これが決定的に中国と日本の相違であったからである。

《天皇を封建的専制的独裁政治機構の首長としての天皇と、もう一つの天皇、すなわち「現御神《あきつみかみ》」、宗教的な役割を演じてきた天皇とにわけた。天皇制としての天皇は「即時撤廃して民主的制度が実現せねばならぬ」。しかし「現身神」としての天皇は「われわれは用心深い態度をとらねばならぬ」。過去七十年間に一般人民の心底に植え付けられた天皇または皇室にたいする信仰は相当深いものがある。……われわれが天皇打倒のスローガンをかかげない場合には、当然われわれの陣営に来たり投ずる大衆も、このスローガンをかかげないことによって、われわれから離れ、われわれは大衆から孤立する危険がある。……天皇は現在の戦争の責任者の一人であり、反動政治と復古思想の表象である。……しかし、人民大多数が天皇の存在を要求するならば、これに対して、われわれは譲歩しなければならぬ。それゆえに、天皇制存続の問題は、戦後、一般人民投票によって決定されるべきことを私は一個の提案として提出するものである》。

これは野坂の延安での演説の一部で、OSSのジョン・エマーソンの『回想録　嵐のなかの外交官』にあるものである。

このエマーソンがマッカーサーを操ったといってもいい、と思われる。彼はOSSの出身であり、戦後バーンズ国務長官の下で国務省日本部次長となり、その部下であるウイリアム・シーボルトがマッカーサーの政治顧問となりその言動を左右したのである。このエマーソンは決して終戦後来日した人物ではない。戦前グルー大使のもとで日本に勤務し、OSSに入り、その見解はハーバート・ノーマンと同意見の持ち主であった。その意見はこれらアメリカ共産主義者の見解であったのである。少なくとも、これが野坂とOSSの共通認識であった。それがマッカーサーの方針にも反映したのである。

OSSのエマーソンは次のようにいっている。

《コミンテルンのテーゼは、共産主義者の綱領を大前提として、天皇制の廃止を要求したが、野坂はこの立場を修正して、もし、日本人民が望むならば、天皇の存在を認めることにした。彼は、日本人の大部分が天皇に対して、簡単に消えない愛情と尊敬を抱いていると考えていた。そこで彼は天皇制打倒という戦前の共産党のスローガンを慎重に避けて、平和回復後の皇室に関する決定については用心深く取り組む道を選んだ。しかし、同時に天皇は戦争責任を負って退位すべきであると主張した》。

ここには野坂の《社会主義は軍国主義の破壊を通してブルジョワ民主革命を達した後に得られる》という社会主義革命の二段階論が込められている。一気に天皇を打倒するのではなく、ほかの改革を待って廃絶させる段階を待つということで、修正主義といわれるものだ。

こうした野坂の理論を評価したエマーソンは延安からアメリカに帰ると、国務省における極東問題の担当官になり、この野坂の考えを基礎にして天皇対策論を書き、それをマッカーサーに送ることになるのである。マッカーサーがこれを読んで、天皇を象徴にすることを決定したことになる。

これまで天皇を象徴とする規定は、マッカーサーの軍事秘書官のボナー・フェラーズ准将であるとする説（ジョン・ダワー『敗北を抱きしめて』など）もあったが、フェラーズが言及したのは一九四四年で、すでに四二年の段階で口火が切られていたのである。フェラーズも実をいえばＯＳＳの一員であったから、それを知っていたはずである。

すなわちアメリカ政府はＧＨＱに「日本革命の二段階論」を送っていた。ＧＨＱの政治改革はまさに、この野坂の修正主義、別名、構造改革路線、すなわちコミンテルンの綱領と異なるルカーチなどの理論に基づく路線から成り立っていたのだ。

曰く《日本は二十世紀の文明社会ということであるが、実体は、西洋諸国が四百年前に捨てた封建社会に近い国だった。日本の生活には、それよりさらに古く、どうしようもないものがあった》。それを破壊するために、《第一に、軍事力を破壊せよ。戦争犯罪人を処罰せよ。議院内閣制を確立せよ。憲法を近代化せよ。自由選挙を行なえ。女性に選挙権を与えよ。政治犯を釈放せよ。農民を解放せよ。自由な労働運動を確立せよ》等々を命じたが、よく見るとこれらはまさに野坂やOSSの見解であったのだ。それはアメリカ民主主義の日本化を意味しているように見えて、社会主義への道を開く方針でもあった。

戦後施行された農地改革による寄生地主の土地の買い上げ、その結果としての小作人への土地解放は、社会主義路線の一環であったのだ。これについてケーディスは野坂参三の見解であることを、後のインタビューで語っている。《共産党議長の野坂参三と、よく話しました。……私は農地改革法案について意見を求めたところ、……彼は「この法案が通れば、日本から地主がいなくなり、小作人は土地所有者になるので、日本において共産主義運動を発展させるという私の仕事は、ますますむずかしくなりますよ」と答えました》（竹前栄治『GHQの人びと』）。つまり、共産主義政策をGHQが先取りしたのである。

また財閥解体による、巨大資本の政府統制と中小企業の育成、労働者の賃金値上げ、私有財産はまだ没収せず、富の分配による国力の増強などは、この二段階革命路線ということができる。

これがマッカーサーのGHQの方針になった。「日本人は十二歳」などという言葉は、彼自身がこの路線を理解できなかった楽天的なアメリカ至上主義者、キリスト教至上主義者の戯言に過ぎない、といえよう。これまでこうしたＧＨＱの戦後改革は、占領政府が軍国日本を骨抜きにしようとする民主改革である、と日本では一般にいわれてきたがそうではない。繰り返していうが、それ自身ＯＳＳの基本方針に沿った、ソ連の革命理論と異なる社会主義への第一段階を画する計画であったのである。エマーソンは《経済の全面的な統制の下で、巨額の軍事費を制約し（全面的カットではない）、もって大資本の戦時の利潤を没収する。よって、独占資本の経済を国営または国有にする。この工業化のための資本を高率累進税制と土地制度の改革で調達する》と述べているのである。

エマーソンは国務省にもうひとつの文書を提出している。それは「日本軍国主義者に対する心理作戦のために、在外日本人を組織する計画書」である。この文書で《法と秩序を立て直すためには、すべての勢力が協力することが日本では重要である。われわれは戦後出現するであろう占領協力者、ないしは「穏健派」のみに依存すべきではない》と述べ、わざわざ《共産主義者野坂参三を戦後改革に協力させるべきである》と付け加えている。

つまり国務省は戦後の日本プランを、野坂のような修正共産主義者のそれに見ていたのだ。それ以外の政治家は単に主体性のない「占領協力者」か「穏健派」に過ぎなかったのである。それが吉田茂であり、片山哲であり、芦田均であった。

ＧＨＱ成立以前、終戦も近くなった一九四四年五月、国務省の極東地域委員会でエマーソンらによって「軍国主義の根絶と民主化プロセスの強化」という文書が起草された。ここでも野坂理論が採用され、戦後日本の人材登用のプランが出されている。ここでは戦後の政治家たちとは異なる、キリスト教社会主義者賀川豊彦と野坂参三の名が挙がっている。実をいえば、赴任したマッカーサーが日本の民間人として最初に会ったのがこの賀川豊彦であったというから、必ずしもこのプランが机上のものでなかったことがわかる。

野坂参三を首相に

エマーソンと同じスティルウェル配下にいたスチュアート・サービスは、次のように野坂のことを分析している。ちなみにこのスティルウェルは蔣介石の参謀長であった人物である。マーシャル陸軍参謀総長によって任命されていた。《日本共産党はまだ規模が小さい。岡野氏（野坂のこと）自身数千人の党員を望んでいないが、強力な組織力と忠実な政治経験を積んだ党員を抱えているという利点をもつ。もし主張どおりその方針が民主的かつ非軍事的な日本という私たちの希望を達成する方向を目指すならば、私たちは日本に対して惜しみない支援体制をとりたい》とまで露骨に野坂支持の方針を打ち出しているのである。

その支持方針もサービスが中国共産党に対して支持したと同じ分析の上に立っている。すなわち中国共産党はまだ小作農の党で、地代や利子の減額、進歩的な課税、生産支援、共同組合の推進、底辺からの民主化教育といったことが必要であった。党の計画はそうした小作農の問題を民主的に解決するために提出されたものであった。《こうした方針に従って、国民のあらゆるグループが結束して自由な資本主義事業を展開する必要性を認める共産党は、中国に民主主義と健全な工業化をもたらす手段となるはずである。これこそが平和と安定にとって唯一の保証である》（一九四五年三月十二日付。文書Ｓ一八七)。ここにある方針は明らかに中国も日本も二段階革命路線の共産党の方針を支持していたことになる。

野坂参三が延安から日本に帰ってきたのが一九四六年一月十二日であった。その帰国直後の歓迎集会で《資本家の一部を取り込み、反ファシズム、反軍国主義の民主勢力を含めた、リベラリスト、社会主義者、共産主義者と結集し、新しい民主人民政府をつくろう……》と呼びかけた。これは戦後の日本人にとっては、単なる共産党一派の呼びかけに過ぎないととらえられたが、背後にアメリカ政府が控えているという自信があったのだ。野坂は続けて《天皇制と天皇個人を区別しなければならない。天皇制は軍部によって利用されたので悪いけれども、天皇やその家族を国民はとても尊敬しているので、その事実を認めなければならない》と語り、天皇を革命の第一段階として容認する方向を支持している。

朝日新聞はこの野坂帰国の記事をその翌日の一月十三日にのせている。そこには野坂の経歴を次のように紹介し、彼を支持しているのである。《野坂氏は本年五十五歳。大正五年慶応大学理財科卒業後、鈴木文治氏の友愛会加入。同八年渡英。ロンドン大学で経済学を学ぶうちに共産主義運動に加わったため英国から追放されてソ連に入り、同十年イルクーツク極東会議に出席。翌十一年帰朝して母校慶大の講師になったが、これは日本共産党の準備のためで、荒畑勝三(寒村)、堺利彦、山川均、佐野学、徳田球一らと国際共産党日本支部たる日本共産党を組織し、翌十二年第一次共産党を組織し、翌十三年第一次共産党検挙に遭ったが病気のため執行停止となった。……一九三五年の第七回コミンテルン大会には片山潜氏に代って執行委員に選ばれた。彼が延安に入ったのは支那事変勃発後六年目の昭和十八年である》。

ここには野坂氏が、延安で毛沢東らと出会い、彼らが中国の共産党化を目指したのと同様、日本の共産化を目指し、アメリカとともに、それをしようとしていた、という認識はないのである。このことは朝日新聞が日米のこの関係を知る情報網をもっていなかったことを示している。おそらく野坂が徳田球一らの日本共産党主流と異なった構造改革路線をもって、日本の首相になるだろう、という情報さえ知らなかったであろう。

ＧＨＱの中でも左翼の最高実力者の一人であったケーディスは次のようなことをいっていた。《野坂参三さんはたいへん頭の切れる人でした。こんなエピソードがあります。私が今でも覚えているのですが、ウィリアムズ（国会担当責任者）が、来日中の使節団長の陸軍次官ドレーバー氏を国会に案内し、国会の有力議員たちと会議を開いたことがありました。ドレーバーは議員たちに「日本経済にはどんな問題があり、アメリカはどのような援助をなし得ると思いますか」と尋ねたところ、いろいろな答えが返ってきました。その中に野坂さんの答えがあったのです。彼の発言が終わるやいなや、ドレーバーは「あの方は誰ですか」とウイリアムスに尋ねました。ウイリアムスは「野坂さんです」と答えると、ドレーバーは「たいへん有能で頭が切れる方ですね。彼を首相にしたらどうですか」といいました。驚いたウイリアムスは「彼はコミュニストですよ。あなたはコミュニストを首相になさるつもりですか」と言い、彼が戦時中、延安で人民解放連盟の指導者として活躍していたこと、戦後、アメリカ占領軍の援助によって朝鮮から日本に帰って来たことをつけ加えました》（『ＧＨＱの人びと』前掲書）。

陸軍次官であったドレーパーは戦後日本経済の立て直しに貢献した人物である。その次官が「野坂を首相にしたら」ということ自体、全体がソ連コミンテルンではなく、アメリカ二段階革命路線に染まっていたかをよくあらわしている。

すでに述べたように、この共産主義者、野坂参三への好意的文章を書いたチャールス・ケーディス大佐もまた、マッカーサーの影に隠れてはいたが、最も意図的に日本の共産主義の戦後をつくり上げようとした人物といってよい。彼はニュー・ディール政策の実行者だとしかふつう書かれていないが、そのニュー・ディール政策そのものが、共産主義の隠れ蓑であったのである。すでに私はこの人物が日本国憲法の草案者の一人であったことを第三章や第六章で指摘したが、この人物はアメリカでもはや実現できなくなったニュー・ディールの理念を日本で実現しようと考え、意図的に日本にやってきた人物であるといってよい。

ケーディスは左翼学者の集まるハーバード大学で法律を学んだ後、弁護士から財務省入りをし、開戦後、ヨーロッパ戦線で参戦し、日本降伏の時点では陸軍省民政部に勤務していた。彼にインタビューした袖井林二郎氏はＯＳＳのことに触れていないが（『マッカーサーの二千日』中公文庫）、この人物もＯＳＳの一員であった。一流の人物は日本にまで来ない、とマッカーサーがＧＨＱの要員を募集するとき嘆いたと伝えられるが、わざわざ来る者はこのケーディス大佐のように、別の意図があったのである。彼こそ四八年にアメリカの対日政策が反共産主義に転化するときに、わざわざワシントンに出向いて、その変更を元に戻すように説得しようとした人物である。しかしそれが聞き入れられなかったので、辞任を申し入れて受理された。彼は辞任するとき、自分が「共産主義者」だとウィロビー少将に思われていたことを正直に告白している（一九八四のインタビュー、『ＧＨＱの人びと』）。

野坂は一九四八年当時でさえ、ＧＨＱの日本政策に影響力をもっていた。少なくとも、アメリカのトルーマン政権下では引き続き、日本の有力な政治家に見られていたのである。野坂はドレーバーに具体的な復興策を語ったが、それは《日本を救う確実な方法が一つあります。マッカーサーを説得して下さい。占領軍の兵士を削減するように説得して下さい。その費用がいくぶんでも下がるように説得して下さい。その差額の占領費でアメリカの綿花を買えるようにして下さい。まず繊維産業を復活させて下さい。それから、鉄の輸入をさせて下さい。日本の企業に夢を与えて下さい》という提案であったという。

この提案をドレーバーが受け入れることになり、マッカーサーも協力し、アメリカの綿花業者が参入するようになった。戦後の繊維産業の復興に一役買ったのである。これも「二段階革命路線」の第一段階がブルジョワ革命の一環であり、産業の復興もそれに沿ったものであったと考えられる。このことを理解できない、徳田球一のようなコミンテルン共産主義者と異なるところであった。野坂がスターリンからも日本共産党からも批判されることになるのは、主流とは異なるフランクフルト学派的なマルクス主義を知っていたからである。

ともあれ、昭和二十一年一月二十六日、日比谷公園で参加者三万人といわれる野坂参三帰国歓迎大会が開かれたことは、野坂を「首相に」というアメリカの声と呼応するものであった。大会委員長、山川均、司会荒畑寒村、日本社会党委員長片山哲の登壇、尾崎行雄のメッセージなどからして、民主戦線樹立を目指す動きの中心と考えられていた。この大会のためにつくられた「英雄還る」という歌が熱唱されたという。二月四日から日本共産党五回大会が開かれたが、そこで次のような宣言文が読まれた。《日本共産党は、現在進行しつつある、わが国のブルジョア民主革命を、平和的に且つ民主主義的方法によって完成することを当面の基本目標とする。……党は暴力を用いず、日本における社会の発展に適応せる民主主義的人民共和政府によって、平和的教育的手段をもってこれを遂行するものである》。ここには、まさに共産党の「二段階革命」の第一段階が語られているのである。

野坂は、二十一年四月に行われた衆議院選挙で東京一区から当選したが、ＯＳＳとの戦時中の思惑はそれが解散させられた戦後では通用しないことをあまり認識していなかった。その根本には、天皇を中心とする日本の国体の強さがあったというほかはない。その意味では最初から、天皇の問題は先送りして、第一段階では「象徴」として残すという苦肉の策は正しかったのである。

昭和二十二年二・一ストというゼネストが打たれた。このストを指導推進したのは日本共産党であったが、野坂参三ら幹部は、占領軍の弾圧は絶対にない、と断言していたという。共産党は占領軍の理解のもとに二・一ストが勝利し、それで社共連立政権を可能にする、とまじめに考えていた。革命の第一段階である。スト前日までに、共産党本部では首相松本治一郎、内相徳田球一、外相野坂参三、農相伊藤律などという閣僚名簿さえできていたという。

無論このゼネストはマッカーサーによって中止を余儀なくされた。それならなぜ「共闘」の指導部はゼネストが許されると考えたのであろうか。占領軍を「解放軍」と見なし、マッカーサーが弾圧するはずがない、と思い込んでいたからである。これまでの野坂とＯＳＳの関係が続くと野坂らが考えていたのである。「前例のない」ストという記述を、どう勘違いしたのか、「模範的」ストと読み違えて、GHQ文書が肯定しているものと取り違えた、というのも、その心理があったからである。

しかしマッカーサーは終戦のときに連合軍総司令官に選ばれたのであり、もともと共和党の政治家であった。GHQでは左右の二派の対立の上に右往左往するという、ある意味では定見のない日和見主義者であった。彼の提案していた五つの方針といったものも、どちらとも取れる性格のあいまいなものであったのである。とはいえ、ゼネストで革命前夜になることなど許すわけにいかなかった。

アメリカOSSと野坂参三らがしかけた「共産革命」の危機は、日本の近現代史ではあまり問題にされなかった。左翼学者もそれを知っていながら攻撃を恐れて問題にしなかったのかもしれない。それより戦後のマッカーサーとその下のGHQの動きによって、その企図は打ち消されたかに見える。しかしマッカーサー下のGHQ内の二派の対立（増田弘『マッカーサー』中公新書、平成二十一年）があり、OSSの影響はその左派の中に温存され、右派が力をもつ以前に、占領政策に大きな影響を与えたのである。私は第三、四章で戦後の日本憲法の作成において、この左派の影響が大であったことを分析した。それにつけ加えると、マッカーサーが「戦争放棄」の第九条について、自分にその責任がない、と述べているのは注目に値する。《軍事力を破壊せよ》と彼自身いっていたにもかかわらず、一九五一年のアメリカ議会の公聴会で、九条は《幣原首相が新憲法に書き入れた》と述べているのである。

その幣原の方は一九四六年の三月十七日にAP記者に《GHQと内閣との審議中、日本側は戦争放棄条項に何の反対も表明しなかった》と述べており、それがGHQの側が出した提案であることを述べている。吉田茂も後に《それを提案したのは、マッカーサー元帥であり、……それに対して幣原男爵は熱意をもってそれに応じたという印象をもっている》と推測しているが、マッカーサー自身が否定していることから、主要なのは決してこの二人ではなく、他のＧＨＱの中の人物であることが予想できる。しかもそれはホイットニーやケーディスのようなＧＨＱ内部の左派であったことは確実である。

終戦直後のトルーマン大統領によるＯＳＳの解散の後、マッカーサーとともにＧＨＱの中で、この旧ＯＳＳの勢力と新たな勢力との対立がはじまった。それはＧＳ（民政局）とＧ２（参謀第二部）間の対立ともなった。民政局長はホイットニーで、一九四六年以降マッカーサーの右腕となって働き、ＯＳＳの路線を継いでいた。彼は一九四三年四月に南西太平洋方面軍（ＳＷＰＡ）の連合国軍諜報局ＯＳＳのフィリピン地区長であったのだ。彼を支えたのはケーディス次長をはじめ、ラウエル、ハッシーら憲法作成にたずさわった人々だった。

しかし一九四七年になると右派が強くなる。軍事情報部長になったチャールズ・Ａ・ウイロビー陸軍少将はマッカーサーに秘密報告をもたらし、日本共産党に対する強い警戒心を植え付ける。マッカーサーが四五年十月に釈放した徳田球一は《ソ連、中国両共産党の覇権主義的干渉に追従した武力闘争路線の導入という重大な誤りに転化した。野坂参三は、その大勢順応主義から徳田に追従し……徳田におとらない重大な誤りをおかすにいたった》（『日本共産党の七十年・１９２２～１９９２』上）。その後、マッカーサーはウイロビーの路線によって、反共の動きに転じるのである。一九五〇年、日本共産党は非合法化され、徳田も野坂も中国に逃亡し、ついで朝鮮戦争が勃発する。マッカッサーに次の試練がやってくる。

戦後「共産革命」を警戒していた近衛はノーマンに殺された

日本人の戦後の歴史に対する後ろめたさの感情は、ＧＨＱのWar Guilt Information（戦争の罪悪感を与える情報）が与えたものと思われ、それはアメリカの「自由」と「民主主義」を標榜する若いリベラル派の方針と漠然と考えられてきた。しかし実はＯＳＳというすでに一九四二年に創設された軍事戦略局の方針に沿っていたものであり、その方針そのものが、アメリカの左翼がしかけたものであることが明らかになってきた。彼らがＯＳＳの解散ののち、ＧＨＱに入り込み、一九四七年までその勢力を保ち、そこから発せられた戦後処理が日本の社会主義化という方針を含んでいた、という事実が判明している。

戦力を否定した第九条は、日本の軍隊が海外への侵略を二度行わないためという対外向けが底意といわれるが、それは明らかに、国内内部の統治という問題を警察に任すということであり、それは暴力的な共産革命を可能にする最も有効な体制であったことは、「革命」の過程を少しでも歴史的に知っている者にとっては、誰にでも理解できることである。

だがマッカーサーの名の下に行われたこうした共産革命準備に対して、日本側が全く予想ができなかったのであろうか。

戦時中の日本において、共産革命の動きが無視されていたわけではない。ただそれはソ連とのつながりにおいてという点であって、アメリカのＯＳＳの動きに気がついていたわけではなかった。ソ連の日本赤化政策ならともかく、米国自体の左翼の動きは、ほとんどその警戒の範疇に入ってはいなかったといってよい。

無警戒といえば、日本にも世界の容共の動きに追従すべきだという政治家も指導部にいたのである。とくにソ連との交渉によって、戦争を終結させようとした東條英機とともに天皇の補佐をしていた木戸幸一が、ある側近に次のようなことをいっていたという。

《共産主義と云うが、今日はそれほど恐ろしいものではないぞ。世界中が皆共産主義ではないか。欧州も然り、支那も然り、残るは米国位のものではないか》《今の日本の状態からすればもうかまわない。ロシアと手を握るがよい。英米に降参してたまるものかと云う機運があるのではないか。結局、皇軍はロシアの共産主義と手をにぎることとなるのではないか》（『宗像久敬日記』）と。会話の中であるから確かではないが、宗像自身はそれを不安に思って《ソビエットと手をにぎり共産主義でゆくべきかは之は大なる問題なり》とその日記に認《したた》めている。昭和十九年五月十日、高松宮殿下でさえこういわれていたという。《日本とソヴィエットと独乙との間に共通な理想を見出すべきであり……、実際の処、神ながらの道も共産主義も少しも変わらんではないか。……若しそんなことで日、独、蘇が結び得れば幸いだが》（『細川日記』）。

この動きに対し強い危険性を感じていたのが、細川護貞を含む近衛―吉田グループであったと、近現代史の第一人者伊藤隆氏が指摘している。《このグループは昭和十八年の段階から天皇制維持を唯一の条件として英米側に降伏するという方針をもって、東條内閣を倒し、宇垣一成（元陸相）や、小林躋造《せいぞう》（元聯合艦隊司令長官）などを担ぎ出す運動を進めていた》（『日本の近代16、日本の内と外』中公新社）

という。

それが「近衛上奏文」といわれるものにあらわされている。近衛文麿が提出したものである。「上奏文」は、まず戦局につき、《最悪なる事態は遺憾ながら最早必至》と判断し、ついで英米の輿論には一部の過激論もあり、将来どうなるかは測り難いが、《今日迄の所未だ国体の変更に迄は》進んでいない、ところがこの点で最も憂慮すべきは敗戦とともに起こる「共産革命」である。《我国内外の情勢は今や共産革命に向つて急速度に進行しつつあり》、すなわち第一に国外におけるソ連の異常の進出で、《蘇連は欧州に於て其周辺諸国にソヴィエット的政権を、爾余の諸国民には少なくとも親蘇容共政権を樹立せんとして着々其の計画を進め、現に大部分成功を見つつある現状》であると述べている。

ユーゴーのチトー政権、ポーランドにおけるソ連の後押しを受けたポーランド愛国者聯盟を中心とした政権、《米英占領下の仏蘭西《フランス》・白耳義《ベルギー》・和蘭《オランダ》に於ては、対独戦に利用せる武装蜂起団と政府との間に深刻なる闘争が続けられ》、ドイツに対しても《已に準備せる自由独逸委員会を中心に新政権を樹立せんとする意図》であるらしい、しかもこれはヨーロッパだけでなく、東亜に対しても行われており、《現に延安にはモスコーより来れる岡野（進、野坂参三）を中心に日本（人民）解放聯盟組織せられ、朝鮮独立聯盟、朝鮮義勇軍、台湾先鋒隊等と連携、日本に呼びかけ》ている。近衛はこのように書いているのである。

ここでソ連や野坂への動向に注意を向けているが、その野坂がアメリカOSSの後押しである、ということの推察がないのは、この時期、日本にはアメリカのこの動きに対する情報がなかったからに違いない。しかしこの戦時中において、共産化の危機をいちはやく嗅《か》ぎ取っているグループが上層部にいたことは、こうした動きが日本の国体にとって危険であることを察知していたからである。

細川護貞は酒井鎬次（予備陸軍中将、近衛のブレーンの一人）からの情報として《アジア解放聯盟（十四年発足時、日本人民反戦同盟、十九年に日本人民解放聯盟と改称）なるものあり。中共中に邦人岡野（野坂のこと）、森、杉本等潜入し、戦後日本にソヴィエット政府を樹立すること、民族自決の政府たること、無賠償等の方針を立て居れり》と述べている。この延安にいる共産党員たちに対し、何らかの働きかけをする手立てを考え次のように書いている。《延安工作の為、在ソ日本人共産党員七名を延安に呼び寄する交渉を、政府、特に陸軍が成し居る》。伊藤氏はこの情報が誰から来たか不明である、と書いている（前掲書）。

近衛文麿の「上奏文」は国内の危機をはらんでいることも述べている。《翻つて国内を見るに共産革命達成のあらゆる条件日々具備せられ行く観有之候。即ち生活の窮乏、労働者発言権の増大、英米に対する敵愾心昂揚の反面たる親蘇気分、軍部内一部の革新運動、之に便乗する所謂新官僚の運動及之を背後より操る左翼分子の暗躍等々に御座候》と。

英米との戦争の中で、ソ連がそれらと対立しているかに見え、《軍部の一部にはいかなる犠牲を払ひても蘇聯と手を握るべしとさへ論ずる者あり。又延安との提携を考へ居る者もありとの事に御座候》とする。近衛内閣が三度組閣されたが、その内閣の中に、左翼分子がいたことをこの上奏文では反省しているところでもある。

昭和十二年（一九三七）第一次近衛内閣では内閣書記官長の風見章で、マルクス主義者であったことを知らずに首相が指名していたのであった。《不肖は此の間二度迄組閣の大命を拝したるが、……彼等の主張の背後に潜める意図を充分に看取する能はざりしは全く不明の致す所にして、何とも申訳無之深く責任を感ずる次第に御座候》とさえ述べている。

この「上奏文」は取り上げられなかったが、親共産派を内閣の一員に指名した責任からいえば、近衛がソ連の仲介を依頼するために、特派大使に指名されてしまったのも皮肉である。ソ連の仲介で名誉ある講和を英米と結び、同時に英米を対象とする軍事同盟をソ連との間に結ぶという交渉であるが、これ自身、日本の共産化を招く危険そのものの方策であった。ポツダム会談で、日本に対する無条件降伏の最後通牒にソ連が署名しなかったことにソ連仲介の期待が残されたが、二つの原爆投下後のソ連の対日宣戦布告はそれさえ打ち砕いた。

ソ連の参戦による一部日本の占領は、アメリカによって拒否されたものの、少なくとも、OSSの存続中には、米英そのものによる日本の共産化の危険性はある時点までは濃厚であったのである。それはソ連主導のコミンテルンの力ではなく、GHQ左派と組んだ日本共産党によるものであったのだ。

この「共産革命」の危険性を上奏した近衛を死に追いやったのが、共産主義者、ハーバート・ノーマンであった。学者として都留重人とも親しかったこの日本学者は、戦時中はOSSに属していたのである。

ノーマンの近衛批判が彼自身の十一月五日のメモランダムに残っている。《過去十年ばかりのあいだに内政外交を問わず、重大な曲り角があるたびに、近衛はいつも日本国家の舵を取っていたこと、しかもこういう重大な曲り角の一つ一つでかれの決定がいつも、侵略と軍およびその文官同盟者が国を抑えこむ万力のような締めつけとを支持したことを明らかにせずにはいない》と述べ、結語として《近衛の公職記録を見れば、戦争犯罪人にあたるという強い印象を述べることができる。しかしそれ以上に、かれが公務にでしゃばり、よく仕込まれた政治専門家の一団を使って策略をめぐらし、もっと権力を得ようとたくらみ、中枢の要職に入りこみ、総司令官に対し、自分が現情勢において不可欠の人間であるように仄めかすことで逃げ道を求めようとしているのは我慢がならない。

一つたしかなのは、かれが何らか重要な地位を占めることを許されるかぎり、潜在的に可能な自由主義的、民主主義的運動を阻止し挫折させてしまうことである。かれが憲法起草委員会を支配するかぎり、民主的な憲法を作成しようとするまじめな試みをすべて愚弄することになろう。かれが手を触れるものはみな残骸と化す》。

この近衛の行った具体的な政治家としての施策のことではなく、その策略的な態度に対する非難は、学者にはあるまじき感情的なものがある。それほど彼は近衛を知っていたのであろうか。ノーマンの同僚であるエマーソンでさえ、《この、公爵を戦争犯罪人として裁くべきであるという感情的なメモに現れたノーマンの倫理的な憤慨には、私はそれほど共感できなかった》という見解を出しているのである。

ノーマンは近衛の共産主義に対する特別な関心に対して、感情的になっていたということが、潜在的に可能な自由主義的、民主主義的運動を阻止し挫折させてしまう、という危惧に結びついていたと考える方が妥当であろう。

アチソンはバーンズ国務長官にこの「ノーマンメモ」を送り、《このメモランダムは近衛の政治的な立場に対するきわめて有力な見方であり、今この時期に特に重大です。なぜならある方面には近衛をはじめ、今なお自由な身にある主要な容疑者を逮捕することにかなり抵抗する向きがあるからです。……彼が皇位に極めて近い故に、その逮捕が天皇の戦争責任問題を惹き起すのではないか、という問題です。政治的責任は決して天皇にではなく天皇の側近にあり、天皇はもっぱら側近の相談相手の勧告に従っただけだ、というのが日本の新聞の論議するところです。近衛のような政治的経歴を持つ人間が戦争犯罪容疑者としての取調べを免れ、政府の重要な活動に携わり続けることということは全く不適切であると思われます》。

たしかに近衛が憲法制定の作業をマッカーサーから解任されたのは十一月一日のことであるから、ノーマンのメモよりも五日前であるが、しかしすでにノーマンの見解がマッカーサーに届いていたことは、その関係の深さからみても十分うかがえるであろう。ノーマンは天皇の側近中の側近であった木戸幸一についてもメモを提出し、木戸を非難している。

ＯＳＳが中国共産化を成功させた

日本の共産化が天皇の存在を国民が強く支持したことをアメリカが察知し、野坂のような共産主義者さえ、それを認めないとその未来さえないと考えたからであったが、しかしアメリカには、日本を共産化させるのにソ連を対日参戦させることを考えた政治家がいる。

さてこのアメリカ・ＯＳＳの動きは日本では成功しなかったが、中国では成功した。一九五一年に出版されたジョゼフ・マッカーシーの『共産中国はアメリカがつくった』という本が、五十五年もたってようやく日本で、翻訳出版された。このことは、いかに日本の出版界が左翼に支配されていたかを示すものであった。ソ連が崩壊し、少なくとも社会主義国が消滅したにもかかわらず、すぐに翻訳されなかったことも、マッカーシズムの名が長く否定的に見られていたことの現れでもあった。ソ連の全体主義がナチス以上であったことや、毛沢東の圧政が皇帝時代のそれよりもはるかに残酷であったことなどが明らかになってきたが、アメリカ内部の左翼自体が意外に強く、ソ連や中共への加担が目にあまるものであったことも、この本で詳らかにされている。

日本ではアメリカ共産党などというと、ほとんど脆弱な政党であり、何の力もなかったと思われがちである。たしかに一九五四年、アメリカ上院は共産党を非合法とする法案を通し、それ以後、非合法化されている。これも民主党の進歩派といわれたハンフリー上院議員によって提案されたため、アメリカ全体が反共産党であるという雰囲気を生じさせたといってよい。そのころはまさに米ソの冷戦が生じたときだったからである。しかし同じ年、上院はマッカーシーへの譴責《けんせき》決議を下したことも忘れてはならない。これにより、それまでのアメリカ共産党の強力な動きの告発を忘却に付したのであった。彼こそ、アメリカ民主党政権内にいたアメリカ共産党分子を数多く摘発していたのであったから。

だがマッカーシーのこの本では、意外にＯＳＳの記述が少ない。このことはすでに一九四五年の段階でこの組織が解散となり、ＣＩＡとなって、左翼の巣窟から反共の諜報組織に大転換したことによるものだからであろう。戦後、国務長官となったＧ・マーシャル参謀総長の批判を徹底して行っているが、彼自身、ＯＳＳの方針の上にたって動いていたのである。

私はこれまでこのＯＳＳの動きについて述べてきたが、ＯＳＳの対中国・日本工作について深くかかわっていたのが、ドノヴァンの下で働いたオーウェン・ラティモアという中国学者であったことを述べるべきであろう。

ラティモアは太平洋問題調査会（ＩＰＲ）の機関誌『パシフィック・アフェアーズ』の編集長として長年アジア問題に携わっていた。ちなみにこの太平洋問題調査会は、日本が国際連盟を脱退したあと、唯一、日米関係の接触点とでもいうべき国際機関であった。第二次世界大戦前では、太平洋地域に関するほとんど唯一の国際研究機関としての役割を果たし、ピッソン、ラティモア、ノーマンなどアジア研究者、日本研究者を育成する役割を果たしたことは知られている。特にアメリカでは、それまで立ち遅れていた中国学、アジア地域研究の発展の基礎がつくられた。

ところがこの組織そのものが日本と中国を共産化する原点となっていたのである。ＯＳＳが戦争開始時につくられた組織であったのに対し、それ以前からの左翼化を推進する組織であった。これの目的は中国共産党による中国統一の実現と日本の大東亜戦争への誘導であったといわれている。ＩＰＲの会員のうち、四十六名がアメリカ共産党員であったし、八人が後にソ連のスパイとして挙げられた。日本に真珠湾攻撃をさせるプランが、ＩＰＲで練られたとさえいわれているのである。アメリカでマッカーシズムにより、五一、二年に左派的、容共的団体とみなされた。このラティモアや日本では有名なハーバート・ノーマンなどが反共攻撃の標的となって自殺したことでも知られている（六一年に解散のやむなきに至った）。

日本支部である日本ＩＰＲは一九二六年に設立され、外務省の協力を受け、最初の会長は渋沢栄一であった。日銀総裁の井上準之助が理事長で、二九年より、新渡戸稲造が二代目になった。その影響を受けた大正デモクラシーのリベラル派が参加した。三九年に脱退、四三年、「敵性調査機関」として解散をしたが、戦後、再建され、五九年に解散した。

ＹＭＣＡの国際連帯運動からはじまったＩＰＲは、二五年五月にホノルル会議を開催した。最大の支部として力をもったアメリカＩＰＲは寄付金を獲得するために時事・政治問題を積極的に取り上げるように主張し、ハワイ・グループと対立し、一九三三年に国際事務局もホノルルからニューヨークに移転した。

二九年京都会議が開かれ、満洲問題では日本は松岡洋右が中心で、中国と対立した。三一年には上海会議が開かれ、日本は孤立した。三六年から米、日、中、英、仏、蘭、豪、ニュージーランド、加、比、蘭印に加え、ソ連が参加し十二国となった。日本は中国と対立し、日本の参加はこれが最後となった。二八年に『パシフィック・アフェアーズ』が正式に公刊され、三四年から四一年まで編集長を務めたのが中国研究者のラティモアであった。調査シリーズを出したが、その一冊がノーマンの『日本における近代国家の成立』（四〇年刊）である。

一九九五年公表された「ヴェノナ文書」のソ連側スパイの中に、マッカーシズムで挙げられたオーウェン・ラティモアの名前がないことが話題になったが（アン・コールター『リベラルたちの背信　アメリカを誤らせた民主党の60年』平成十五年）、これは見落としではなく、彼が決してソ連のスパイとして行動したわけではなく、ＯＳＳの一員として共産化に動いたことがわかる。

この左翼の詩人はルーズベルト大統領に登用されたが、ソ連スパイのカリーの推薦で、一九四一年から四二年にかけて、蔣介石の特別顧問として中国に派遣されていた。四四年にはヘンリー・ウォレス副大統領のシベリア、中国訪問に随行した。スターリンの強制労働収容所を訪問しながらも、ソ連の指導者が行っている弾圧を礼賛していた。その強制収容所を「ＴＶＡ（テネシー渓谷開発公社）とハドソン湾会社を合わせたような施設」だと褒《ほ》めたたえたのである。副大統領ウォレスもまた同じいい回しを使っていた。スターリンの粛清を擁護する記事さえ発表していた。スターリン下の見せしめ裁判に対しては、「多数の暴言が発見され修正された」ものだと肯定していた。

ラティモアは蔣介石の「顧問」であったが、ラティモアの学識ある助言によりアメリカの為政者は蔣介石を見捨て、毛沢東を支援したのである。このことはアメリカが毛沢東を、ソ連からの要請ではなく自ら支持したことがわかる。まさにＯＳＳのラティモアがその推進者の有力な一人であったのである。

一九五〇年の上院委員会では、「国務省」とのかかわりを否定するラティモアの主張と矛盾する証拠として、国務省のオフィスを使用したこと、国務省で電話を受けたこと、国務省でローリング・カリーの郵便物を返信したことなどを証拠に挙げている。カリーがソ連のスパイであったことはヴェノナ文書で取り上げられている。もともと彼がＯＳＳの一員であったからである。この戦時情報局から給料を得ていたのである。

ラティモアは一九四七年六月、イズラエル・エプスタインの『未完の中国革命』をニューヨーク・タイムズに書評したが、中国革命を支持し、「エドガー・スノーの『中国の赤い星』にはじまり、セオドア・ホワイトとアナリー・ジャコピーの『中国の雷鳴』に至る著者たちをリスト・アップしてみると著名な人ばかりである。エブスタインもその仲間に入ったことは疑いもない」と褒めていることでも、年来の中国共産党支持を続けていることがわかる。

ラティモアだけではない。アメリカが中国共産党を支持し、蔣介石を見捨てたことにもっとも貢献したのが、戦後、国務長官にもなったジョージ・キャトレット・マーシャルである。彼はイエール大学卒業のワスプ（ＷＡＳｐ、白人・アングロ・サクソン・プロテスタント）のエリートであることを隠さなかったが、それは東大が左翼が多いのに似て、まさに左翼が知識人の証のように思っているエリートであった。

しかし軍の指導者として、アイゼンハワーを連合軍の最高司令官に選んだことで知られている。その後、トルーマン政権下で中国特使、国務長官、国防長官、そして政策企画部の創設にかかるさまざまな要職を歴任した。

マーシャル・プランといわれる戦後復興計画はアメリカが多額の資金を西ヨーロッパにつぎ込み、戦争で疲弊した経済の復興を図ったことで知られている。非共産圏を復興させることは西ヨーロッパを強化し、ソビエト共産主義の影響下におかないためである。だが不思議なことにマーシャル自身は、その方針がよくわかっておらず、このプランにソ連とその衛星諸国を含めるべく提案しようとさえしていたのである。

マーシャルは一九四五年十二月に内戦を中止させる目的でトルーマンによって中国に派遣された。周恩来はマーシャルとのはじめての会談で、中国共産党がどれほど《アメリカ式の……民主主義を望んでいるか》という話をし、毛沢東がソ連よりアメリカと組むことを望んでいると聞かされている。《ちょっとしたエピソードをお聞かせしましょうか。最近毛主席がモスクワを訪問するのではないか、という噂が立ったんですよ。それを聞いた主席は大笑いをして、半ば冗談ですが、外国にバカンスに行くなら、むしろアメリカに行きたいものだ、と言ったのです……》。マーシャルはこの話をそのままトルーマンに伝えた。その後、何年間もマーシャルはトルーマンに対して、共産党の方が国民党よりも協力的だったと主張し続けたという。

しかしマッカーシーも糾弾していたように、マーシャルは毛沢東の共産党のねらいに気付かなかったわけではないはずである。毛沢東がただの農地改革者でしかないと思ったり、その革命の意図を信じなかったというわけではなかった。戦略事務局（ＯＳＳ）の職員が、毛はマルクス主義者だと懸命に警告をしており、マーシャルも知っていたのである。毛の右腕である周恩来が、国民党政府に送りこんだスパイの名が記された手帳をマーシャルの自家用機に忘れたときには、中身をちらっとも見もせず、部下に返すように命じたという話も、その意図を見ぬかなければならない。

ユン・チアン著の『マオ　誰も知らなかった毛沢東』（上巻、講談社、平成十七年）でも指摘されているが、マーシャルがトルーマンに出した報告書で《毛沢東と長時間の会談を行い、当方はきわめて率直に発言いたしました》と書いていた。東北における共産党勢力について、マーシャルは《まとまりのない毛が生えた程度のもの》と説明し、さらに驚くべきことに《延安司令部は「東北」指揮者たちとほとんど連絡がとれていない》と報告していたのである。これは真実であっただろう。毛沢東がまだ力がない、ということを述べ、その援助が必要であることを述べようとしたかったからである。『マオ』の著者はすでに東北での展開にソ連と日々連絡を取っていた、と述べているが、これはマーシャルの真意を理解していないのである。

マーシャルは一九四六年、晩春、毛沢東が危機状況に陥っているときに、蔣介石に対して強力な圧力をかけ、東北へ敗走する共産党勢力に対する討伐作戦を中止させた。すなわち、共産党をこれ以上深追いするならばアメリカは蔣介石を援助しない、国民党部隊を東北へ移送する作戦も中止する、と申し渡したのである。五月三十一日、マーシャルは自分個人の名誉を引き合いに出して、蔣介石に次のような書状を送った。

《政府軍が東北進撃を継続している現下の状況では、私の立場に重大な疑義が生じる局面に立ちいたっていることを、繰り返し申し上げざるをえません。従って、政府軍による進撃、攻撃、追撃を終了させる命令をただちに出されるよう、重ねて要請するものであります……》（『マオ』上巻）。

蔣介石はこの要求に仕方なく折れて、十五日間の停戦に同意した。まさに毛沢東が東北における最後の砦、ハルピンを放棄してゲリラ戦に転ずる覚悟を決めたときであったのだ。事実、毛沢東は、六月五日付けで《持ちこたえよ……とくにハルピンは死守せよ》と、新たな命令を出したところであった。中国の流れがここで変わった。

『マオ』（上巻）で指摘されているように、マーシャルの一方的な命令は、内戦の結果を左右した最も重要な決定だったといえるだろう。アメリカは意図的に毛沢東を勝利させようとしたといってよい。この時期を経験した共産党関係者は、林彪から古参兵にいたるまで一様に、この休戦は蔣介石が犯した決定的な失敗であった、と非公式に認めているという。あのとき侵攻を続けていれば、蔣介石は少なくとも共産党勢力がソ連国境沿いに大規模で強固な根拠地をおくのを阻止できた可能性が大きかったのである。

そうなれば、根拠地とソ連が鉄道で結ばれることもなく、その鉄道を使って、大量の重砲が運び込まれることもなかったことになる。さらに蔣介石が合意した二週間の停戦を足がかりに、マーシャルは停戦を四ヵ月近く引き延ばし、東北全域に拡大し、さらに東北の北部を共産党勢力に占守させることまで提案したのである。蔣介石が強硬な態度に出れば、マーシャルと正面衝突することは目に見えていた。この時期のマーシャルの《態度は尋常ではない猛だけしさであった》と、蔣介石は回想している。ここにはマーシャルに共産党と同じ信念があったということができる。

ウェデマイヤー将軍の『回想録』によると、《敵意にも近い冷淡な態度をとる》マーシャルと蔣介石との対立は、《すなわち、戦時中の激務による過労が、将軍の心身をいためつけ、またアメリカからの長途の飛行機旅行のために将軍は疲れているのだ》と同情しているが、しかし根本的にはマーシャルの容共リベラル主義のためである。マッカーシー上院議員が、破壊的な共産党の同調者となっているとしてマーシャルを糾弾したが、この点は彼の方が正しかったのである。マーシャルは中国を共産主義に明け渡したという働きで、ノーベル賞さえ受賞したのである。これは文民の反戦運動家のみに贈られてきた伝統を破ることであった。

ＩＰＲで働いていたフィリップ・ジュサップも中国「共産化」に協力したひとりで、後に国務省に入り、極東地域の移動大使の役割を演じた。このラティモアやジュサップが国際金融グループと接触があり、中国を共産主義の国家にするための資金援助に動いた。

彼らはＯＳＳとともに動いていた。すでにＯＳＳについて論じてきたので、詳細はここでは繰り返さないが、この組織を指導したのはビル・ドノヴァンであった。そのドノヴァンはＯＳＳから一九四三年に三人のジョンと呼ばれるジョン・エマーソン、デーヴィス、サービスの三人を延安に外交使節団として送り込んだ。さらにもう一人のジョンとは、ハーバード大学の中国研究所長のジョン・フェアバンクであった。彼らが中国と日本の共産化に大きな役割を演じていたことは、繰り返さない。

今ではいうまでもないことだが、ソ連そのものは恐ろしい強制収容所の国であった。一九三五年から四一年だけでも、スターリンの秘密警察は三百万人以上のソビエト市民を強制収容所に送ったといわれる。三〇年代から党幹部、著名なジャーナリスト、芸術家に、自分は「人民の敵」だと公衆の面前で「告白」させられていたのである。被疑者は裁判の前日に起訴され、弁護人もつけられなかった。裁判は十日間までとされ、有罪となっても上訴はみとめられなかった。証人は殺害され、精神病院に送られ、毒を盛られた。偽の検死などの明らかに捏造された証拠の矛盾は「偽装」として片付けられた。有罪とされた者たちはただちに銃殺刑に処せられた。一九三四年十二月のわずか数週間にレニングラード三十九人、モスクワで二十九人、キエフで二十八人、ミンスクで九人が射殺されている。このようなことにアメリカの首脳は目をつぶっていたのである。これは少なくとも、この段階では、ドイツのユダヤ人虐殺よりもひどい状況にあったということができる。

私はこれを非難しない当時の左翼知識人のソ連に対する媚態に、ドイツだけを非難するユダヤ人と同じ、人種差別の偏狭さを感じざるを得ない。このような党派性は、戦争が勃発すると、日系人を適性国人として強制収容所に閉じ込める挙に出たアメリカ政府の残酷さと重なるものと考えられる。アメリカ人は日本人を十二万人も強制収容したのである。そしてドイツではなく、日本に原爆を落としたことも、その延長上の路線であった。

こうしてこの時代の日本と中国の状況を見てくると、両国を同じように共産主義化する執拗な意図が、アメリカ政府自体にあったと考えざるを得ない。それは終戦の年に死んだルーズベルトの意志の反映であったと考えることができよう。マッカーシーが《共産中国はアメリカがつくった》というのと同じように、日本もまたアメリカによって共産化されようとしたのである。

しかしそれが日本でできなかったのは、中国よりはるかに安定した日本という国家と、国民大多数の意志によるというべきであろう。天皇を国民が強く支持していることは、何よりも日本の共産化が不可能であることを、アメリカが察知せざるを得なかったのは、ＯＳＳが一九四二年の段階から、天皇に手をつけない、と判断したところでほぼ確定していたのである。

確かに、野坂のような共産主義者を政権につけようとしたが、天皇の存在によって、共産主義の二段階革命を説く路線を取らざるを得なかったフランクフルト学派路線が生かされたのである。ラティモアもケーディスも、エマーソンらもその路線があったからこそ、日本の戦後を次の段階に向かわせるように仕向ける政策を取ろうとしたのだ。この考え方が、ソ連を日本に参戦させ、一気に社会主義化せんとした左翼を押しとどめさせた、ということができる。それは日本にとってまだしも幸いなことであった。天皇を守り、国体を守ることができたからである。

第七章　ケーディスが導いた社会主義日本

ＯＳＳの終戦工作

これまで述べてきたようにＧＨＱが戦後の日本を民主主義国家ではなく、共産主義国家に仕立て上げようとしていたとの事実と、ＯＳＳというＧＨＱの前の組織があったことも判明した。

一九四二年に設立され、早い段階からアメリカの対日占領政策に携わった組織が、ＯＳＳと呼ばれるアメリカ情報戦略局であった。とくにＧＨＱの民政局の中にいた、ユダヤ人で隠れ共産主義者のチャールズ・ケーディスこそ、それを強く推し進めていた中心人物だったといえる。民政局は日本の共産主義化を目論んでいるのではないか、との憶測が飛び交う中、マッカーサーの支持を得たケーディスの策謀によって、戦後二年間ほどのうちに新憲法をはじめ、公職追放、農地解放、財閥解体などが独断専行で行われたのであった。

後で述べるマッカーサー三原則や憲法改正草案に隠されたケーディスの潜在的な野心とは――日本の歴史家の間では連合国軍最高司令官マッカーサーの存在があまりにも大きく認識され、いまだに占領政策を担ったＧＨＱ（連合国軍最高司令部）をマッカーサーと同一視する傾向が強いが、ＯＳＳの存在を無視して捉える見方では、戦後の日本を見誤ることになる。

ＯＳＳが、どのようにして対日工作を行ったのか。重要な点はＯＳＳの大半がアメリカ在住の日本人共産党員によって組織されていたことである。つまり日本を社会主義化する動きであり、民主主義化への動きではなかった。

日本ではニューディーラーというと改革主義者のようなイメージで捉える傾向があるが、実は単に民主的なアメリカ憲法学者が日本を改革するというバラ色のイメージではなく、そこにはユダヤ人の共産主義者もからみ、日本をナチスと同列に論じる動きがあった。

日本の敗色が濃厚となる一九四五年、アメリカ軍は沖縄戦で二万六千人余りの死傷者を出し、早期の戦争終結を望む声が強く湧き上がった。OSSはアメリカの終戦への意図をいち早く日本に知らせる終戦工作を開始した。当時ヨーロッパ本部の責任者をしていたアレン・ダレスによるスイス・ベルンでの工作活動が挙げられるが、この活動をマッカーサーは一切知らされていなかった。

ダレスの工作には実にさまざまな人物が介在している。スイス駐在海軍武官の藤村義朗は五月八日、ダレスが言明した《すみやかに戦争を終息させることは、単に日本のためだけでなく世界全体のためにも望ましい。日本がそれを希望するならば、私アレン・ダレスはこれをワシントンに伝達し、その達成に尽力する》との緊急の電報を日本に打っている。

さらに日本海軍にドイツ航空機を売り込み海軍の発展に貢献し信頼度の高かったフリードリヒ・ハックの言葉として、《日本のとるべき道はすみやかに対米和平を図ることにあると信ずる。すみやかにご指示を得たし》と海軍大臣と軍令部総長に宛てた、合計七通の電報を打っている。しかし日本政府は五月十四日の最高戦争指導会議（御前会議）において、ソ連への和平仲介要請を決定し、ソ連との交渉を優先させるのである。

東京から五月二十一日と二十二日に届けられた返信は《ダレスとの交渉要旨はよくわかったが、どうも日本の陸海軍を離間しようとする敵側の謀略のように見える節があるから注意せられたい》との内容だった。失望した藤村武官は、それでも説得を試み、六月十五日までに二十一通もの電報を打ち続けた。藤村は当事者がソ連ではなく、アメリカだということを認識していたからである。

ところが六月二十日に米内光政海軍相から《書類は外務大臣の方へ回したから貴官は所在の公使その他と緊密に提携し善処されたし》との電報が届いた時点で、藤村の努力は水泡に帰した。

駐スイス公使の加瀬俊一もOSSとの終戦工作に関与していた人物であった。五月十二日付でOSS長官ウィリアム・ドノヴァンがアメリカ国務長官に宛てたメモには、《五月十一日、加瀬俊一駐スイス日本公使と会談した。加瀬は日本と連合国との戦争停止を取り決める手助けをしたいとの願いを表明した。加瀬はソ連を通じた交渉より米英との直接交渉を望ましいと考えている。日本の主張する条件の一つは天皇の維持が共産化に対する唯一の保障措置と信じている。加瀬はグルー国務次官も同じ見解を持つと考えている》と記され、OSSが日本に対して積極的に動いていたことがわかる。

さらにメモにはダレスの取った四つの行動が示されている。まず一点目が、全権を担う当局者からの決定的な証拠がない限り和平の可能性を探る。二点目に権限のある日本当局者が無条件降伏を受託すれば連合国当局が降伏の実行法を決定する。三点目に皇室及び憲法問題はノーコメント。四番目は即時無条件降伏が破壊を防ぐ唯一の方法。

この四点からは、OSSが日本との終戦を指導し、アメリカの対日占領政策に関して中心的役割を演じていることがわかる。ところが日本の外務省や陸海軍も終戦工作を理解していなかった。結果として和平交渉以外の新しい態度を取らざるを得なくなったOSSは、原爆投下を是認するのである。OSSの工作を日本側が真剣に捉え、実行に移していればと悔やまれる。

ＯＳＳのモラルオペレーション

ＯＳＳの終戦工作にはＭＯ（モラルオペレーション）と呼ばれる心理作戦によって、日本を社会主義化させる作戦がある。ＧＨＱがモラルダメージを重視していたことに日本は気付かず、軍事的な作戦以外には無警戒だったため、戦後のメディアや社会の風潮にＭＯが残存してしまうのだ。

一九四三年六月十二日のＯＳＳ秘密文書には、日本学の大家であるハーバード大学教授セリジオ・エリセーフが発案した「狐作戦」がある。狐の形をした巨大な風船を日本兵の前に出現させ、狐憑きの鬼火を漂わせて日本兵の志気を下げようと画策したのであった。一見馬鹿げているようだが、日本を遅れた封建社会と見ていたことがよくわかる。

終戦が近づく一九四五年には、よりＭＯが強化され、強制収容所に入れられている日本人の中から二百名を面接し、四十名を採用した。人員は元朝日新聞通信員の坂井米夫をはじめ、国際基督教大学の学長だった鵜飼信成の実弟であるジョー・小出（本名鵜飼宣道）がいた。すでに五章で述べたように彼は非常に頭脳明晰で、アメリカ共産党の星として野坂参三とも協力していた人物である。そのほかにも強制収容に入れられた者の中から左翼的な人物を選ぶなど、日本語が話せる社会主義者でＯＳＳを構成していくことが示されている。

一九四五年にワシントンの郊外に位置するコリンウッドで、ＯＳＳの日系人グループによる対日情報工作「コリンウッド作戦」が決定されていることも無視できない。ＭＯ作戦の指揮を取るハーバード・リトル中佐は日系人によるＭＯ工作を非常に重視していた人物である。

よく戦争終結を日本の軍部が引き延ばしたとする「軍部責任論」があるが、そうではなく日本の志気が高かったことが重要なのだ。本土決戦が迫り、敗戦が濃厚である中においても日本の志気がなかなか下がらず、終戦無条件降伏をのまないということをアメリカは認識していたため、日本の志気を下げる作戦に出たのであった。日本の志気を挫《くじ》き戦争終結を早める任務がOSSに課せられていたのである。

天皇直訴のパラシュート作戦

一九四二年の時点で象徴天皇制を維持する方針が決定されるなど、天皇の力の大きさを充分認識していたOSSは、日本への攻撃が一段と激しくなる一九四五年、パラシュートで皇居に降下する作戦を画策した。パラシュートで皇居に降り立ち、天皇に無条件降伏を訴えて降伏を勧告させる。発案者は先ほど述べた元朝日新聞通信員でアメリカの有力な共産党員の坂井米夫であった。坂井は一九二六年に渡米し、一九三〇年には朝日新聞の通信員となり、満洲を回るなど活躍している。日米開戦後は強制収容所に入れられるのだが、その後、海軍日本語学校に日本語教師として採用され、教え子にドナルド・キーンがいた。

パラシュート作戦は、ワシントン国立公文書館に保管されている三通のOSS極秘文書に一九四五年七月三十日、八月三日、九月六日のいずれかに作戦を決行しようとしていたことが明記されている。

このプロジェクトの概要は四月にルーズベルト大統領が死去し、トルーマン大統領の無条件降伏要求声明とポツダム宣言に対して、日本政府が受諾を拒否し、戦争継続の意思を固めたために出された。したがって無条件降伏が受け入れ可能であり、なおかつ、日本の面子を損なわないようにすることに重要性が置かれていた。皇居を攻撃するのではなく、直訴するところに特色があった。

その方法は一人ないし複数の日系人エージェントを日本の信頼できる指導者の下に侵入させ、日本の面子を保ち無条件降伏が可能な条件を天皇に説明するというものだった。エージェントには十二人の志願者がおり、中から約三人を選択し、彼らをパラシュートあるいは潜水艦で侵入させ、偽装し接触する人物のところへ向かうとなっており、具体的な人物まで挙げていた。

たとえば岡田啓介元首相や皇室とも密接な関係があった近衛文麿元首相、皇居被弾の責任をとって辞任した初代参議院議長の松平恒雄、対米戦争に反対した平沼騏一郎元首相、民族主義者の広田弘毅元首相、朝日新聞主筆の緒方竹虎などである。リベラル派の人物をよく調査し選んでいることからも、OSSの工作が非常に具体的であったことが窺える。

日本の戦争は無謀ではなかった

GHQがもたらした戦後改革というものが、OSSによって準備されていたひとつの証拠として、一九四二年二月十六日にアメリカで出版されたヒュー・バイアスの『敵国日本』(日本語訳・刀水書房刊)が挙げられる。この書は日本では戦後五十五年もたってやっと訳されたものである。左翼ジャーナリズムにとって都合の悪い書物だったからだ。

バイアスは一八七五年にスコットランドに生まれ、ロンドンタイムズやニューヨークタイムズの記者を務めた。一九一四年から開戦の一九四一年まで日本に滞在していたジャーナリストである。『敵国日本』は日本に二十八年間在住していたバイアスによる日本分析の書として、アメリカではただちに数十万部が売れた。

『敵国日本』には象徴天皇制、日本国憲法制定、神道指令、農地解放、財閥解体、日本の責任体制の在り方や政治体制など具体的な情勢分析が述べられている。日本の開戦理由や勝算の分析からは、当時アメリカが日本海軍や日本国の強さを認識するとともに、けっして日本が無謀な戦争をしたとは、思っていなかったことがわかる。

バイアスはマルクス主義者であり、社会主義的な見方をしているが、歴史家のハーバート・ノーマンのような階級史観的な見方から日本を捉えるのではなく、非常に柔軟な見方を示している。

当時の日本がおかれた状況についても、《日本の集団的独裁体制の下では合衆国との戦争問題に関しては海軍が最終決定権を握っている。この戦争を戦わねばならないのは海軍だからである。先日の真珠湾攻撃について天皇及び中心の承認を取り付けるにあたり、海軍は荘厳きわまりない形式にのっとってこの戦争を成功裏に収めることができるかどうかの下問をうけたことは疑う余地がない。もし海軍が勝つ自信がなければ真珠湾攻撃を始めることはなかったであろう。

ヒトラーに篭絡されて日本は三国同盟に加盟するという自殺行為を犯したとか、ヒトラーの計画を援助するために絶望的な冒険に乗り出したなどとは、決して考えてはならない。こういった問題はすべてについて日本は自己の利益のみを考慮する用心深い日和見主義者なのである》と、非常に具体的かつ正確に押さえており、東京裁判のような歪んだ見方ではない。MOにうまく乗ってしまった戦後日本は物事を判断する冷静な目を失い、もっぱら先の大戦が単に無謀な戦争だったと論じ、現実的な対応をしたとは見ていないのである。

バイアスは戦争をはじめた理由として、《第一に、日本海軍が戦争に踏み込んだのは海軍が自分と大日本帝国を敗北から守れると確信したからである。第二に、日本人はヒトラーを助けるためではなく、自分たちのために戦争を始めたのである》と記している。

さらに、なぜ日本人がシンガポール作戦を遂行したのかについては、《彼らが何を必要としているのかをたずねればよい。それは、オランダ領東インド諸島やマレー半島の石油、ゴム、錫である。（中略）日本は、こういった軍需品の原料をアメリカに渡すことを拒める立場になりたいと望んでいる。（中略）日本側の計算では、一時的にしろアメリカ空軍を弱体化し、アメリカの基地を占領し、シンガポールを陥落させるか封鎖し、オランダ領東インド諸島を手中におさめれば、何年でも防衛戦をもちこたえられるということになる。ラングーンをおとせば、ビルマからの援蒋ルートをその起点で断ち切ることになるわけだ》と書いている。

石油輸出を抑えたことに対して、東インド諸島を占領した正当性を分析し、シンガポール作戦がアメリカを押さえることになり、アメリカにとって大きな打撃だったと述べているのである。

さらに、《われわれ民主主義国家が、鉄壁の陣を敷いている敵に対して、いま一度戦いを挑まねばならないか、それとも日本が進めている新秩序を容認し、和平条件に同意せねばならないか》と、アメリカも日本側の譲歩を受け入れる選択肢があること、日本は無謀な戦争をしたわけでないとアメリカ側が認識していたことを示しているのだ。

真珠湾攻撃につながった要因についても、《ワシントン会議での主力艦保有率が英米より劣る決定に日本の海軍精神は激しく反発した。結局、その怒りが、火山の噴火のように爆発して十二月八日の計画を生み出したのである》と戦艦の比率によって日本の戦闘力を刺激したと冷静な分析をしている。

また近衛首相についても、《近衛はどの政党にも属したことはなく、政治的には無色である。彼は抽象的な政治哲学には関心がなく、政治問題を論ずる視点は非常に実際的で、ある政策が特定の理念を推進するか否かなどは問題にしない。（中略）彼は自分の心の内を決して人に見せない。平穏な時代であれば、総理大臣にならなかったかもしれない》と日本の総理とはどのような存在だったかに通じているのだ。

そのほかにも太平洋における日本の領土拡大の必然性と日米戦争もその延長上にあったこと、さらに日本空軍の強さや、日本が勝つ可能性は十分にあったことなどが詳細に分析されている。

戦後の日本をどうするか

『敵国日本』では憲法制定についても述べられている。

《勝利者は日本に憲法の改正を強要するべきだという提案にも当てはまる。日本の憲法はその生みの親が日本国民を封建制度の頸木から解放した明治天皇だという事実によって大日本帝国憲法は神聖な雰囲気を纏っている》と、憲法の改正を強要するべきだと述べている。

松本烝治が提出した憲法草案があまりにも明治憲法と類似していたため、急遽、マッカーサーは民政局に対して憲法草案の作成を命じるのだが、その際、憲法草案に盛り込むべき必須の要件として三つの条件、いわゆるマッカーサー三原則を提示する。マッカーサー三原則を下地として、今日の日本国憲法を九日間でつくり上げた背景には、すでにＯＳＳが明治憲法の欠点を分析していたことがあるのだ。

このように『敵国日本』はＯＳＳのひとつの方向性を定めた大きな史料となっているのである。憲法改正時に出されたマッカーサーの三原則が、ＯＳＳによってどの程度左右されていたのか。民政局長ホイットニーの下で、憲法作成に主導的な役割を果たした人物が、民生局次長のケーディスであった。彼の果たした役割の大きさはすでに論じてきたが、ケーディスがＯＳＳに影響されていたことはあまり論じなかった。

憲法を扱う書物には必ずケーディスのインタビューが掲載されるが、正直に答えたものか疑わしい。マッカーシズムを恐れていたことから、嘘をついていたのではないかとの見方もできる。

ハーバード大学でニューディール政策を学んだケーディスは単なる進歩主義的な思想を超えて、ソ連コミンテルンと異なる二段階革命の社会主義的な構造改革路線を強くもっていた。ハーバード大学はルカーチ以後のフランクフルト学派の影響下にあったのである。同時にユダヤであることから「反ナチス」から「反日」にシフトし、日本を社会主義化しようと意志的に働きかけていったのだ。

マッカーサーの三原則が憲法作成において重要な役割を果たしたといわれているが、これもケーディスの創作ではないかとの疑いがある。マッカーサーの三原則とは、一言でいえば、「象徴天皇制、戦争放棄、封建制度廃止」の三項目である。

マッカーサーノートは、マッカーサー自身がホイットニーを介して草案作成者たちに渡したとされているが、ケーディスは、《その後も長い間私の手元に残っており、誰が書いたか謎なんです。アメリカに帰ったあとホイットニーに重要な記念品として返却した記憶がある。しかし残念なことにホイットニー将軍が亡くなったあと、遺品を整理したご子息によるとそれは見当たらなかったということである》とホイットニーに渡したマッカーサーノートが、ホイットニーの手元になかったと述べているのである。

マッカーサーが書いたオリジナルノートはなく、現存しているノートはケーディスがオリジナルを写したもの、つまりケーディスが書いたものなのだ。したがって、この三原則自体もケーディスが書いた可能性が高いと考えられる。

なぜなら、ホイットニーがこれだけの指揮権や考え方を出すだけの立場にあったかどうか、さらにケーディスの共産主義的な思想の問題があまり分析されておらず、マッカーサーの三原則の中に、とくに憲法第九条に共産主義的な思想が隠されているからである。

マッカーシズムを逃れるために、証言を避け続け、憲法問題調査会会長の高柳賢三のインタビューにも応じなかったケーディスが、三十年間の沈黙を破り一九七五年に大森実のインタビューに応じている。

ケーディスは対談の中で第九条の根拠について実に奇妙な証言をしている。彼は憲法九条を記した根拠として、天皇の人間宣言を挙げているのである。これまでマッカーサーやホイットニーが書いたものを単に遵守し憲法草案を作ったという立場から一転し、自分が九条を提案したかのように主張しはじめたのだ。しかし、この天皇の人間宣言には、戦力の不保持など記されておらず、関連性もない。

さらにケーディスは戦争放棄条項の原案についてもおかしなことを述べている。

《国家の一主権としての戦争はこれを廃止する。他の国民との紛争解決の手段としての武力の威嚇または使用は永久にこれを廃棄する。陸軍海軍空軍その他の戦力は決して許諾されることなかるべく、また交戦状態の権利は決して国家に授与されることなかるべし》。

これがケーディスの戦争放棄条項の原案である。この原案に基づいて日本国憲法では、《日本国民は、正義と秩序を基調とする国際平和を誠実に希求し、国権の発動たる戦争と、武力による威嚇又は武力の行使は、国際紛争を解決する手段としては、永久にこれを放棄する。前項の目的を達するため、陸海空軍その他の戦力は、これを保持しない。国の交戦権は、これを認めない》となり、ケーディスの案とは若干異なるのだ。

つまり、ケーディスの案では《国家の一主権としての戦争はこれを廃止する》と記され、はじめから国としては軍隊をもたないとなっているのである。ケーディスの真意は、日本は国家権力の軍事力をもたないことが主であり、その後に他国民との紛争解決の手段としての武力を認めないとなっているのだ。

ケーディスは社会主義者として、革命や内紛を軍隊が押さえることができず、日本に革命が起きやすい環境をつくることを意識していたと考えられる。その頃は昭和二十二年に起きた二・一ゼネストなど共産党を主導とする騒動があった時期とも重なる。

それにもかかわらず、ケーディスは、自分が自衛能力を持たせるようにしたと証言する。有名な《前項の目的を達成するため》を入れたのは自分だと、いい出すのである。彼の原案から判断すると「ウソ」といわざるを得ない。ケーディスの三十年間の沈黙の後に発せられた、妙な憲法九条肯定論や、まるで天皇がいいはじめたかのように「人間宣言」を利用する怪しさ、そして、自衛能力を持たせたのは自分だという証言には、あやふやな点があまりにも多く到底信用できないのだ。

ケーディスの言葉で憲法がつくられたことを考えると、今後日本国憲法を擁護すべき根拠をもっているとは思えない。憲法第二十五条・二十七条など、権利だけを謳《うた》い義務を語っていないなど、ケーディスのあやふやさが日本国憲法全体に窺えるのである。

この憲法がアメリカ憲法にない条項をもち、これを読んだイギリス政府が驚愕した話が伝わっている。

ケーディスが主導となって作成された日本国憲法、とくに第九条を戦後、「九条の会」をはじめとした憲法擁護派が金科玉条のごとく大事にしているが、ケーディスの潜在的な野心や考え方が根底にあることを認識しなければならない。

さらに憲法草案が日本からも出され、英訳をケーディスが参考にしたとされているが、その草案からは、共産党の二段階革命論である福本イズム（日本共産党の幹部、福本和夫の理論）がはっきりと出ているのだ。昭和二十年の『文藝春秋』に掲載された福本和夫の論文「この際一掃すべきもの」の中に財閥解体や農地解放、公職追放など、ＧＨＱの対日政策や日本国憲法の方針に福本イズムが入っていることを発見した。ほとんど同一内容なのである。

ノーマンは近衛を自殺に追い込み、その後のＧＨＱの動きをＯＳＳの方針に従わせる神道指令、日本国憲法、公職追放、財閥解体、農地改革など、社会主義に向かわせる方針を次々と施行していった。それはノーマンの日本社会がまだ封建的な段階にある、とする認識に立った二段階革命というフランクフルト学派の構造改革路線に沿ったものである。しかしそれも四七年後半から、アメリカ自体の反ソ連傾向、反共路線への方向転換によって、民政局左派、ホイットニー、ケーディス、そしてノーマンらの左翼路線が解消されていった。昭和二十二年の二・一ストの中止によって、ひとまず吉田政権の下で、共産化は防がれたが、日本人の公職追放という人事の転換は、戦後社会にその精神が引き継がれていくことになった。

第八章　「戦争犯罪人」という烙印

『歴史通』平成二十二年冬号改稿

東京裁判のシナリオ

日本の敗戦にあたって、連合国はいわゆる〝東京裁判〟という強引な裁判を行った。勝者が敗者を裁くというようなことはそれまでの戦争にはなかったことである。「平和に対する罪」「戦争に対する罪」「人道に対する罪」というような〝三つの罪〟を挙げて裁くなど、前代未聞であった。

そういう裁判をでっち上げ、戦争犯罪人を処罰するという全体のプランを具体的に考えていたのが秘密活動を行うＯＳＳという組織であった。日本でもアメリカでも、この組織のことは忘れられていたが、すでに述べてきたように一九九〇年ごろからＯＳＳに関する膨大な資料の一部が機密解除され、いろいろなことがわかってきた。

ルーズベルトのコロンビア大学時代の友人だったウィリアム・ドノヴァン大佐（のち少将）が、一九四一年にまずＣＯＩ（情報調査局）という組織を作り、翌一九四二年に正式にＯＳＳとして活動をはじめた。ＯＳＳは単にブラック・プロパガンダを行うだけではなく、陸軍情報部のソルバート大佐を中心として、日本の敗北を前提に、戦後日本の軍事的壊滅と社会の攪乱を目的とした「日本計画」に着手した。

ナチス・ドイツのユダヤ人迫害は衆目の一致するところであったから、チャーチルもルーズベルトも「人道に対する罪」で裁くことができると考え、ニュルンベルク国際軍事裁判が開廷された。ところが、日本に関しては具体的な〝罪状〟が何もない。そこで、その方策をＧＨＱがまかされたのであった。

その基本案をつくったのは、チャールズ・ケーディスというユダヤ人の大佐であった。彼は、前述のように一九〇六年にニューヨークで生まれ、コーネル大学とハーバード大学を出て法学を修め、一九三三年にルーズベルト政権が発足してニューディール政策がはじまるとその一員となった。真珠湾攻撃の直後に陸軍に志願して、歩兵学校と幕僚学校を卒業して陸軍省民生局に配置され、連合軍のノルマンディー上陸作戦にあたってフランスに派遣されている。そしてマッカーサーがＧＨＱ最高司令官として東京に赴任すると、民政局（ＧＳ＝Government Section）次長に任命されている。民政局長のコートニー・ホイットニー准将の下にいた最も有力な人物であった。

彼は基本的にマルクス主義者で、さらにユダヤ人ということもあって、ヨーロッパではナチスを断罪する立場にあった。その人物が日本に来て、民政局で中心的な役割を果したのである。ある意味では、このケーディスこそ〝戦後日本を操った元凶〟ということができる。

しかしその後、日本の近現代史家やジャーナリストからインタビューを受けているが、彼のもともとの主義主張を知らないため、彼の変節ぶりや韜晦《とうかい》ぶりを見抜けないでいる。彼は竹前栄治氏とのインタビューで正直に《日本の新聞、雑誌は私がウイロビー少将と意見が対立して、本国に帰されたと書きたてたそうですね。……ウイロビー将軍に……「あなたは私も共産主義者だとお思いでしょう」》と述べていたのである。

「太平洋戦史」にはじまる

一九四五年のＯＳＳの資料から、ＯＳＳのヨーロッパ担当だったケーディスが、日本をドイツと同じような犯罪国家に仕立てようと画策したことがわかってくる。

しかし、日本が「人道に対する罪」など犯していないことははっきりしているから、ＯＳＳは罪状を捜《さが》しまくることになった。それが、一九四五年五月十六日付の「日本に関する政治分析概要試案」という公開されたＯＳＳ文書によくあらわれている。

どうすれば戦争犯罪が成り立つか、戦争犯罪の法的定義をどうするか、どこに根拠をおくか、管轄する法廷はどうするか、適用される法律をどこに求めるか、合衆国が主導できるかどうか。また、見世物的裁判、秘密裁判、それぞれの利点と欠点は何か、日本国民に公正なものと信じさせられるかどうか等々、ＯＳＳがいろいろと考え、それをＧＨＱが受け継いだというのが真相である。

アメリカが戦勝国になり、占領軍として日本に入って来てＧＨＱが成立したときには、ドイツと同じように戦争犯罪人を告発することはすでに決まっていた。その一つの根拠としたのに南京事件がある。

アメリカ国務省が一九四三年に発表した「平和と戦争」という戦時敵対文書がある。これはＯＳＳが作成したものである。その内容は《一九三一年から四一年までの日独伊三国の侵略による世界的危機に対し、その発生に対処した合衆国の一連の政策と行動の記録を示すもの》であるが、その中に、「太平洋戦争」という記事がある。

昭和二十年（一九四五）十二月十五日、GHQの神道指令によって「大東亜戦争」の使用が禁止され、「太平洋戦争」という名称に改められ、その直前の十二月八日からは、日本の新聞各紙で「太平洋戦争史」というGHQによる身勝手な日本軍断罪の連載が一斉にはじまっていた。これが「平和と戦争」の記事をもとにして書かれたものであることははっきりしている。

そして、この「太平洋戦争史」の中にはじめて南京虐殺のことが〝公式〟に出てくるのである。このことからも、〝南京虐殺〟が、日本を戦争犯罪人に仕立て上げるためにOSSによって仕組まれたものであることが十分に類推できる。ここにどういうことが書いてあるか、以下に引用してみよう。

《日本軍は恐るべき悪虐行為をやってしまった。近代史最大の虐殺事件として証人たちの述ぶるところによればこのとき実に二万人からの男女、子供たちが殺戮されたことが確証されている。四週間にわたって南京は血の街と化し、切りきざまれた肉片が散乱していた。（略）婦人たちも街頭であろうと屋内であろうと暴行を受けた。暴力に飽くまで抵抗した婦人たちは銃剣で刺殺された。（略）男たちは（略）斬殺の練習台に使われた。二人ずつ背中合わせに縛られその目の前で教官は刺殺するのに何処を突けば最も効果的であるかを教え込んだ。（略）母親は暴行され、子供はその側で泣き叫んでいた。またある家では三、四歳の子供が一間で突き殺され家族の者は一室に閉じ込められて焼殺されていた。南京地区官憲は後になって暴行を受けた婦人の数を少なくとも二千名と推定した》

こういう記事が各新聞に強制的に掲載され、東京裁判で取り上げられ、誇張されていったのだ。

国民党の宣伝

一方、南京攻略の司令官だった松井石根《いわね》大将の東京裁判における「平和に対する罪」の罪状として読まれた判決文では、次のようになっている。

《一九三七年十二月の初めに、松井の指揮する中支那派遣軍が南京市に接近すると、百万の住民の半数以上と、国際安全地帯を組織するために残留した少数の者を除いた中立国人の全部とは、この市から避難した。（略）

兵隊は個々に、または二、三人の小さい集団で、全市内を歩きまわり、殺人・強姦・掠奪・放火を行った。そこには、なんの規律もなかった。多くの兵は酔っていた。それらしい挑発も口実もないのに、中国人の男女子供を無差別に殺しながら、兵は街を歩きまわり、ついには所によって大通りや裏通りに被害者の死体が散乱したほどであった。

これらの無差別の殺人によって、日本側が市を占領した最初の二、三日の間に、少なくとも一万二千人の非戦闘員である中国人男女子供が死亡した。（略）

幼い少女と老女さえも、全市で多数に強姦された。そして、これらの強姦に関連して、変態的と嗜虐的な行為の事例が多数あった。多数の婦女は、強姦されたあとに殺され、その死体は切断された。占領後の最初の一カ月の間に、約二万の強姦事件が市内に発生した。（略）

男子の一般人に対する組織だった大量の殺戮は、中国兵が軍服を脱ぎ捨てて住民の中に混り込んでいるという口実で、指揮官らの許可と思われるものによって行われた。中国の一般人は一団にまとめられ、後ろ手に縛られて、城外へ行進させられ、機関銃と銃剣によって、そこで集団ごとに殺害された。兵役年齢にあった中国人男子二万人は、こうして死んだことがわかっている》。

この判決文と、「太平洋戦争史」の文章とでは、数字に違いがある。後者では暴行された婦人が二千人となっているが、判決文では「二万の強姦事件」と十倍になっている。また、「太平洋戦争史」では「二万人が殺戮された」とあるが、判決文では「一万二千人」、それに加えて「兵役年齢にあった中国人男子二万人」（この部分の記述にはいろいろな疑問があるが）が殺されたことになっている。この犠牲者の数がやがて十万人になり、そして南京における裁判では三十万人ということになった。数があいまいなまま、根拠もなく増殖していったのである。

南京事件については、すでにさまざまな報告があるので、ここで多くはふれないが、このいかがわしい〝南京虐殺〟について最初にいい出したのは「マンチェスター・ガーディアン」紙の中国特派員だったハロルド・ジョン・ティンパーリであった。ところが、彼は国民党の中央宣伝機関の顧問だった。つまり、国民党の指導部が流した情報をＯＳＳがこれ幸いと受けて、とにかく「南京虐殺があった」ということにし、そこからすべてがはじまったということができる。

目的は日本文化の破壊

ＯＳＳという組織は非常に巧妙な、モラル・オペレーション・ブランチであった。つまり、敵国民のモラルにダメージを与えて弱体化させる、そういう研究を行っていたブランチ（部署）であったのだ。彼らは〝Psychology of War（戦争の心理学）〟という言い方をしていた。

戦時中は「ブラック・プロパガンダ」によって、いろいろと不利な噂を流し、日本の戦闘意欲をそぐことはもちろん、テロや原爆によってパニック状況をつくり出すというようなことも考えていたが、戦後になると、真珠湾攻撃がいかに卑怯な戦いのはじまりであったか――というような軍部批判を日本の国民に喧伝《けんでん》し、指導者たちに対する不信感を与えることがOSSの大方針であった。それが功を奏し、明らかに東京裁判における罪証として国民の脳裏に植え付けられたのである。軍部が悪い、国民はだまされていたのだという言い方は、共産党のいい方とそっくりである。

戦争犯罪をでっち上げるために彼らが懸命に考えた心理作戦が、実質的に日本の戦後の東京裁判、公職追放につながっていくのである。さらに、日本の文化（モラル）を破壊し、すでに述べたとおり、最終的に日本を左翼化することがOSSのねらいであった。

そのOSSでは、「日本計画」の基本案をつくったソルバートをはじめ、さまざまな人物が暗躍していた。その一人に、すでに述べたジョン・エマーソンがいる。彼は日本語も堪能で、のちにライシャワーが駐日大使として赴任したときにはナンバー2の駐日公使を務めているが、ケーディスと組んで日本の左翼化に腕を振るった人物でもある。

ジャーナリストの大森実氏が『赤旗とGHQ』（昭和五十年）という著書の中で、このエマーソンと対談しているが、その場でエマーソン自身が、自分はOSSで働いていたと明かし、もともと中国で毛沢東を支援しながら米中工作を行い、日本共産党の野坂参三、鹿地亘らと接触したとも語っている。

そして、《野坂参三のような共産党幹部ですら、天皇制をすぐに廃止すべきではないと言っている》というエマーソンの天皇制についての意見が、ポツダム宣言草案を起草したバーンズ国務長官に大きな影響を与えたといっている。エマーソン、つまりOSSがポツダム宣言の背後にいたことになる。大森氏の《(エマーソンの発言が) 米国務省の当時の政策立案に大きく響いたでしょう》という質問に、彼はこう答えている。

《グルー元駐日大使が、米国務省内では天皇制保持論者でした。私は戦前、グルー大使のもとで東京で勤務したことがありますし、もちろん、私はグルーの意見に賛成しました。おっしゃるとおり、私は中国・インド・ビルマ戦線報告の中で天皇制に関するレポートを書きました。戦後日本の占領期における安定策として、天皇制は重要なエレメントである、という意見を書き送りました》。

大森はOSSがそれほど強力かつ過激な組織だということを、この対談の時点では認識していないようだが、この場でエマーソンは、戦後の公職追放にいかにOSSと日本共産党が深くかかわっていたかを詳しく語っているのだ。

エマーソンは、日本生まれのカナダ外交官で日本史研究家でもあるハーバート・ノーマンとともに、府中刑務所にいた共産党の徳田球一や志賀義雄に何度か会って話を聞いている。エマーソンによれば、それはこういうことであった。

《あのときは占領のまったく初期で、アメリカの関心は右翼と軍国主義者にあったのです。追放問題などですね。私たちは、共産主義者が右翼と軍国主義者に関する情報をいちばんもっていると考えたのです。(略) 彼らはいろんなことをしゃべってくれましたので、それを全部ワシントンの国務省に報告しました》（傍点筆者）。

つまり、徳田球一や志賀義雄ら共産党員の言葉をそのまま国務省に伝えて、その情報をもとに公職追放や裁判が行われ、日本人が断罪されたという構図であった。

個人的恨みによる戦犯指名

鳩山一郎もケーディスによって首相になる寸前で公職追放になった。ケーディスが共産党と接触し、鳩山が文部大臣のときに京都大学の〝赤化教授〟滝川幸辰《ゆきとき》を辞職に追い込んだ（いわゆる昭和七年の滝川事件）古い事件を蒸し返したことがその理由だったようである。同じ頃、共産党の機関紙「赤旗」に滝川事件の張本人は鳩山だという記事が出ている。明らかに共産党の資料がケーディスにわたって断罪されたもので、民政局がそれを受けて、戦後初の総選挙で自由党が第一党となり首相になるはずだった党首・鳩山一郎は寸前で追放されてしまった。鳩山は反共主義者だったから、それがケーディスと共産党の攻撃目標となったのである。

日本の社会主義化をいちばん恐れていた近衛文麿は、ノーマンによって殺されたともいえる。当初、マッカーサーは近衛に新憲法の草案作成をもちかけ、近衛はその気になって準備をはじめたが、途中で撤回され、戦犯に指定されてしまう。その裏には、徳田球一や志賀義雄の讒言《ざんげん》もあっただろうが、近衛に対するノーマンの個人的な感情も大きかったと思われる。ノーマンの残したメモには、こう書かれている。

《近衛の公職記録を見れば、戦争犯罪人に当たるという強い印象を述べることはできる。しかしそれ以上に彼が公務にでしゃばり、よく仕込まれた政治専門家の一団を使って策略をめぐらし、もっと権力を得ようと企み、中枢の要職に入り込み、総司令官（注・マッカーサーのこと）に対し自分が現情勢において不可欠な人間であるようにほのめかすことで逃げ道を求めようとしているのは我慢がならない。（略）

一つ確かなのは、彼が何らかの重要な地位を占めることを許される限り、潜在的に可能な自由主義的・民主主義的運動を阻止し、挫折させてしまうことである。彼が憲法起草委員会を支配する限り、民主的な憲法を作成しようとする真面目な試みをすべて愚弄することになるのである》。

そして、《彼が手を触れるものはみな残骸と化す》という有名な言葉で結んでいる。

彼がこういう非常に感情的なメモを提出したために、マッカーサーは完全に態度を変え、《彼はもっと前に逮捕すべきだった》という手紙をアチソン国務次官に書いている。知られているように近衛は天皇に非常に近い人物で、彼を戦争犯罪人とすることは、天皇を象徴として残すというOSSの立場に反して、ある意味で天皇の地位を損なうものであった。実は天皇そのものに責任をとらせる必要があるというのがノーマンの本心だったと思われる。

ノーマンの仲間であるエマーソンですら、《この公爵（近衛）を戦争犯罪人として裁くべきであるという感情的なメモに表れたノーマンの倫理的な憤慨には私はそれほど共感できなかった》といっている。つまり、ノーマンは近衛に対して特別な敵意をもっていたことになる。ノーマンは天皇も廃位させたかったが、既定方針でそれができなかったから、近衛や東久邇宮稔彦王《ひがしくにのみやなるひこおう》を攻撃したのであろう。

米国務省に送られたノーマンのメモには、こうある。

《このメモランダムが近衛の政治的な立場に対する極めて有力な見解であり、いまこの時期にとくに重大です。なぜならある方面には近衛をはじめいまなお自由な身にある主要容疑者を逮捕することにかなり抵抗する向きがあるからです。彼が皇位に極めて近いゆえにその逮捕が天皇の戦争責任問題を引き起こすのではないかという問題です。政治的責任は決して天皇にはなく、天皇の側近にあり、天皇は専ら側近の相談相手の勧告に従っただけだというのが日本の新聞の論議するところです。近衛のような政治的経歴を持つ人間が戦争犯罪容疑者としての取り調べを免れ、政府の重要な活動に携わり続けたということはまったく不適切であると思います》。

結果的に近衛は自殺してしまうが、こういった人物を死に追いやることによって、それ以後、天皇の側近がいなくなり、天皇が孤立化されてしまったことは非常に大きな問題だと思われる。天皇という存在は側近がいることによってはじめて安定するからである。それはこれからの不安でもある。十一宮家の旧皇族を復帰させ、側近をつくるべきではないだろうか。

仕掛けられた「心理戦争」

ＧＨＱ（ＯＳＳ）と共産党の友好的関係について、エマーソンはこうもいっている。《徳田球一、志賀義雄らはコーエンを完全に味方だと思っていたようですね。コーエンの労働部には、彼らは週に一、二回はやってきて、組合作りからストライキにいたるまで、いちいち事前承認を得ていたようですね》。

ここで言及されている（セオドア・）コーエンは、二十八歳で民政局労働課長となり、戦後の日本労働法の生みの親となった人物で、組合関係を担当していた。背丈が一メートル五十センチしかなかったので、日本人のなかにうまく溶け込むことができたという。非常に急進的な思想の持ち主で、ソ連の工作員ではないかという容疑をアメリカ政府からかけられたほどである。両親はロシアからの移民で、一九一八年にニューヨークのユダヤ人貧民の多いブロンクスで生まれている。彼はコロンビア大学入学を許された数少ないユダヤ人の一人であった。

ＯＳＳのメンバーは語学に堪能で、コーエンも英語、スペイン語、イタリア語、イディッシュ語（ユダヤ語）、ヘブライ語にくわえて日本語まで自由に操ったという。コロンビア大学の大学院に進み、修士論文は「日本の労働法」であった。第二次大戦がはじまると軍隊に志願したが、身長が低すぎたために入隊することが許されなかったので、ＯＳＳに採用されたのだという。

コロンビア大学というのはフランクフルト学派の一拠点であった。すでに触れているが、フランクフルト学派はナチスを逃れてアメリカに亡命し、コロンビア大学に拠った。コーエンはまさにそこで労働問題を勉強していたのである。こういう社会主義的な人たちが日本の労働法をつくり、憲法にもかかわった。マッカーサーのことばかりが語られるが、その背後で動いた人たちが戦後の日本に与えた影響は大きい。

ＯＳＳは「戦争の心理学」にしたがって戦後日本の心理作戦を展開していたが、日本人には「心理学」という言葉が理解できず、さほど危険なものとは思えなかった。そのすきに、「心理戦争」は完全にアメリカ、とくに左翼のユダヤ人主導で進められていたのである。ジャーナリストたちもそういう点には警戒心が働かず、だからこそ日本人はひっかかったといってもよいだろう。

ユダヤ人にはナチスの心理作戦に対する大きな反発があり、自分たちがやられたことをやり返そうとしていた。フランクフルト学派にはとくにその傾向が強かった。日本の一般国民に対するメディア戦略によって、日本は侵略国家であるとか、真珠湾攻撃は実に卑怯な作戦だったとかいうことを、徹底的に信じさせようとしたのである。原爆を落とされたのも自分たちが悪かったからだとさえ思い込むようにさせた。日本国民はいまだにその〝洗脳〟から抜け出せないでいる、といってよい。《南京虐殺はなかった》とか、《アウシュヴィッツで殺されたといわれるユダヤ人の数は誇大に伝えられているのではないか》とでもいおうものなら歴史修正主義、あるいは歴史改竄主義と批判されるようになっているのだ。

米軍に感謝した日本国民

やがて東西冷戦がはじまり、アメリカも共産主義に肩入れすることをやめてしまう。昭和二十二年二月に予定されていた「二・一ゼネスト」は、決行直前にマッカーサーの指令によって中止された。徳田球一や野坂参三ら日共幹部はまさかGHQが弾圧するとは思っていなかった。

この頃からアメリカが政策を変更する。いわゆる〝逆コース〟のはじまりである。占領軍を解放軍と見なしていた日本共産党はそれに気付かず、それ以後も突っ走って、マッカーシズムの反共の動きが日本でも強くなる。ＯＳＳのメンバーが力を振るえたのはこのあたりまでであった。ケーディスもエマーソンも力を失ったのである。

しかし時すでに遅く、日本の戦後の方向は決定づけられていた。東京裁判で戦犯が断罪され、新憲法もできた。公職追放が行われ、神道指令も出る。あらゆることが二年間のうちに行われてしまったのである。これが日本の戦後の不幸であった。国民はマッカーサーと米軍に対して感謝の気持ちさえもってしまったのである。そのときには巧妙に行われた日本の左翼化がほぼ完成しつつあったのだ。

教育界では二十万人が公職追放され、代わりに素人が、大学には二、三流の左翼たちが数多く入ってきた。その後ＧＨＱによるレッドパージがあったが、それで追われたのは六千人にすぎない。残った十九万人以上の人たちが社会の主流になったことで戦後の教育もおかしくなってしまい、多くの学生たちが左翼化する結果を生んだ。ＯＳＳのフランクフルト学派がとくにターゲットとして狙っていたのは大学やメディアのようなインテリであった。それまでの経済闘争、労働運動から、文化面での闘争に切り替えたのである。彼らは「社会学」、「心理学」を武器に、学校やメディアで人々を洗脳し、その結果、大学、メディア、あるいは文化人と呼ばれる人たちによって日本文化そのものの変質と、日本人の意識の左翼化が進んだのである。社会主義国の崩壊の後とはいえ、切り替えができぬ人々が多く、その状況はいまも変わっていない。

鳩山前首相は歴史オンチ

鳩山由紀夫前首相のいう「友愛」がよい例である。これはクーデンホーフ・カレルギーの言葉、博愛（fraternity）からきている。カレルギーの『全体主義国家対人間（Totalitarian State against Man）』を祖父の鳩山一郎が戦後、『自由と人生』という書名で翻訳・出版したときに「友愛」という言葉をあてたのであった。

前述したように、鳩山一郎は本来、全体主義に反対する反共主義者であった。しかし彼も戦後変貌し、「友愛」などという言葉を無頓着に持ち出した。フランス革命のスローガンである「自由・平等・博愛（友愛）」の「自由」が資本主義社会を作り、「平等」が共産主義社会を生んだ。それに対して「博愛」という言葉で均衡をとろうというのがカレルギーの考え方であるが、政敵吉田茂が親米だったこともあって、社会主義に同感して、ソ連との友好に邁進したのである。戦後の左翼的な風潮を、判断能力を欠くままに受け入れ、日ソ、日中外交を国是にしてしまったのである。共産主義国が数十年後に崩壊することなど、何も予想しなかった。

こういう西洋の革命用語である「友愛」などという言葉を振りまくこと自体、フランクフルト学派の心理作戦に抵抗や批判性をもたなかった証拠である。そもそも、西洋でもあまり知られていない、カレルギーのような二流の思想家の言葉を一国の首相が取り上げるというのは少々みっともないというべきだろう。

鳩山前首相がいまごろそんな言葉をもち出したのは、官僚批判や、市民参加、地方分権、地域主権国家ということをいいたいのかもしれないが、それが定着するかというと疑問である。日本の政治家にとって、官僚は否定するものではなく、しっかりとした国家観をもって指導するべきものである。それは遠く、律令制度が確立してから変わっていない。日本は中央集権的な国家観がないとただ分裂していくだけになりかねない。ＯＳＳの日本人をその根から断ち切ろうとする「心理作戦」が、今日まで影響をおよぼしていることを現首相の〝友愛哲学〟は示しているのである。こういう言葉を政治家が平気で口にすること自体が歴史オンチで、政治家としての危うさを感じざるを得ない。故郷にある「鳩山神社」の意味をしっかり考えに入れてしかるべきであろう。

現実には保守政権がこれまで五十年以上続き、日本は資本主義国家として機能しているし、皇室もずっとご健在なのは、日本人のバランス感覚と民度の高さゆえといえる。にもかかわらず、民主党政権の状況を思うと、保守陣営の方も日本のこういう状態はおかしいということをもっと主張し、国民に気付いてもらうことが必要になってくると思われる。私が「伝統と文化」の大切さを訴えているのもそのためなのである。

第九章　東京裁判とＯＳＳ「日本計画」

特定のイデオロギーをもって行われた東京裁判

いわゆる「A級戦犯」七人、「BC級戦犯」九百三十四人の死刑を含む「東京裁判」なる「儀式化された復讐劇」が行われてすでに六十年以上経つ。いまだに次々とこの裁判に関する書物が出ている。しかし、このOSSによって準備された路線の上に立って行われたことは、天皇を法廷に出さず軍部だけを裁き、ニュルンベルク裁判を日本にあてはめようとしたことなど、当時のアメリカ国務省の想定外の論告求刑が行われたことでも明らかである。本書で何度も指摘しているように、日本のこれまでの多くの研究が、国務省、マッカーサーラインという表面に出ていた外交史で説明しようとして、さまざまな謎がいつまでも残されたのである。終戦から一カ月たたぬ、九月八日から「戦犯狩り」をはじめることができたのも、GHQ以前の方針があったからである。

あえてここでこの問題を私のような政治史以外の文化史家が取り上げるのも、政治イデオロギーにとらわれた政治学者が、その文化的影響の大きさを見失いがちになるからだ。「東京裁判」が、一般の戦争で引き起こされる「殺人・虐待などの戦争犯罪」といった罪に対するだけでなく、「人道」や「平和に対する罪」という新たな戦犯概念の導入によって審理を進めたことが道徳的な荒廃を呼び起こし、日本人の共同体を崩壊させようと導くものであるからだ。ここから、ある特殊な闘争史観によって貫かれた、という視点が明確になる。

主任検事のジョセフ・B・キーナンが、そのアドバイザーとして、OSSの一員であった都留重人やライシャワーなどと知己になっていることも知られているが、むろんマッカーサーとともに、民政局のホイットニー、ケーディス、ラウエルといった、戦後憲法を作成した左翼的な法律関係のスタッフと密接な関係にあった。

キーナン自身もブラウン大学の後にハーバート大学で学び、ルーズベルト大統領の支持者として、連邦政府司法長官特別補佐官に任命されている弁護士であった。その経歴は憲法作成のスタッフと似たところが多い。戦犯裁判という環境の中で、左翼的な立場を取るのは当然である。ギャング退治の意気込みで日本の軍閥に臨んだといわれるが、冒頭陳述にもあるように、日本の行為を「文明に対する挑戦」と述べた背景には、強いイデオロギーを感じさせる。

多くの分析では、対日政策の立案を担当したのは、アメリカの占領政策を決定する国務、陸軍、海軍三省の調整委員会（ＳＷＮＣＣ）の下部機関、極東小委員会（ＳＦＥ）だったといわれる。このＳＦＥは、ポツダム宣言が発表された後、対日戦犯問題の本格的検討をはじめた。主な争点は日本に対して戦争犯罪化の国際裁判をするかどうかで、結局、敵国指導者を高度の政治的行為として処罰したほうが賢明だとの意見が国務省から出された、というものである。

しかしこの裁判が、もともと国務省筋からきたものではないことは、その裁判憲章（条約）というものが、ほとんどニュルンベルク裁判の原則の引き写しであることによってもわかる。「人道に関する罪」などという起訴理由は、ナチス・ドイツを裁くためにつくったものであり、しかもポツダム宣言の中に戦争犯罪人を罰するという規定を入れているのである。どうしてナチス断罪の規定を、日本にあてはめようとしたのか。それは別個の流れ、すなわちドイツ対策を中心にしてきたＯＳＳからＧ

HQ民政局への流れがあったからにほかならない。というのも、ニュルンベルク裁判は、ルーズベルト大統領下のOSS勢力の、徹底的な反ナチスの動きが元になっており、東京裁判はナチスドイツと同盟関係にあった日本への断罪の意味があったからである。

ニュルンベルクの写しであるこの裁判は、アメリカのジャクソン判事がその原則をつくったといわれるが、もともとロンドンにおける米、英、ソ、仏の四カ国会議によっている。そこでソ連との間で軋轢があり、連合国軍最高司令官総指令部（SCAP）は、日本にも裁判を設けることになったという。その結果、ニュルンベルク裁判と犯罪の定義はそのままになった経緯がある。

ニュルンベルク裁判では、最初からナチス・ドイツが「ユダヤ人絶滅」という人道上の悪を犯しており、「人道」上、処罰するのは当然だという連合国四カ国の一致した意見があり、そこでルールが出来上がっていたのであった。それをそのまま日本にもってきたから無理が生じる。訴因を立てたときに、修正せざるを得なくなったのも当然である。そのような犯罪の情報は欧州のOSSがもっていた。

日本にそれがあてはまるかどうかは、考慮がなかったためにはじめから無理があった。ナチス・ドイツと違うのは、ドイツは連合国と交渉する政府が消滅していた。敗戦の時点ですでに軍事占領されてしまっていたのである。しかしポツダム宣言が発出された七月二十六日の段階で日本は軍事占領されておらず、まだ政府が存在し、それが同宣言を受諾して占領軍を受け入れるという過程を経なければならなかった。全くドイツと違うのである。このことは、すでに戦時中以来練られていたアメリカの方針が国務省日本関係筋からではなく、大統領と直結したOSSなどの分析を通じて出来上がってきたことを証拠立てる。

東京裁判はソ連が連合国側についたことにより、裁判がソ連の思うように行われたことは明らかである。例えば、日本が「侵略戦争」を起したとされる「満洲事変」に関し、日本が中国における共産主義の発展に脅威を感じ（「リットン報告書」）、その脅威から自国権益を守るために満洲国を建設したという事情を全く無視していることからもわかる。検察側は最終論告において、「満洲事変」が起こされた年である一九三一年、共産主義は中国における日本の権益を脅かすものではなかったと見なすようパール判事などの裁判官に要請しており、リットン報告書と反対のことを述べさせようとしていた、とパール判事自身が述べているのである。弁護側が共産主義蔓延の危険に関する追加証拠を提出しても、関連性がないと却下していた（小堀桂一郎編『東京裁判』講談社学術文庫）。

よく東京裁判は「勝者の裁き」といわれるが、その「勝者」が特定のイデオロギーをもって行ったことを、日本人は注目しなくてはならない。

まず、戦勝国が検事と裁判官を兼ねるという構成をもつ東京裁判が、「勝者の裁き」であることは明らかだが、この勝者の法廷は、何よりも戦時日本の国家指導者や軍人たちの「戦争責任」を断罪しようとしたことそのものが、ＯＳＳの方針であったといえる。支配者と被支配者、権力と民衆という階級意識がその根底にあり、国民は常に指導者と対立させられている被害者、という論理に基づく見解である。ナチが選挙で選ばれたということを忘れ、ナチ軍部によって国民が犠牲にさせられたという観念が、彼らのイデオロギーとして貫かれている。

その権力者に対して「連合国に対する侵略戦争遂行の責任」の追及を行い、それに対する批判を許さなかった。しかも連合国側の侵略戦争の責任は全く問わず、ひたすら敗者を断罪するということ自体、裁判に値しないものであったのだ。単なる「勝者による敗者の戦争行為への復讐」に過ぎない。ここにも民主勢力と独裁国家勢力との対立構図をつくり上げることによって、「勝者」の正義と、「敗者」の悪を絶対化する論理があるのである。敵と味方の固定的な見方、すなわちユダヤ主義と反ユダヤ主義、また社会主義勢力の善と帝国主義の悪——そこではマルクス主義の階級闘争の絶対化の思想が元になっているのである。

これに対して唯一、裁判の中でインドのパール判事が反論したことは知られている。

《勝者によって今日与えられた犯罪の定義に従っていわゆる裁判を行うことは敗戦者を即時殺戮した昔とわれわれの時代との間に横たわるところの数世紀にわたる文明を抹殺するものである。かようにして定められた法律に照らして行なわれる裁判は、復讐の欲望を満たすために、法律的手続きを踏んでいるようなふりをするものにほかならない。……儀式化された復讐のもたらすところのものは、たんに瞬時の満足に過ぎないばかりでなく、究極的には後悔をともなうことはほとんど必至である》。

「敗者」日本に対して、「勝者」の一員としてのぞんだ側では、唯一インドのパール判事が東京裁判を「儀式化された復讐」という指摘によって、このまやかしの論理を非難したのである。しかし「復讐」の中にイデオロギー的意図があったことを見抜くことはなかった。パール判事だけでなく、裁判自体の違法性を訴えた判事もほかに二人いたが、法律上の問題からにすぎなかった。

そしてそのイデオロギーの中には、決して西洋の植民地主義に対する批判はふくまれなかったことである。パール判事はいう。

《ただもう一度つぎの点を述べておきたい。すなわち東半球内におけるいわゆる西洋諸国の権益とは、おおむねこれらの西洋人たちが、過去において軍事的暴力を変じて商業的利潤となすことに成功したことのうえに築かれたものである》。

この指摘は、西洋植民地主義者の戦争を過去のものとし、第二次世界大戦はそこから脱している、という西洋側の論理がある。自分たちに「民主主義」という名の「社会主義」路線がある、という認識が隠されているのである。

第二次世界大戦がはじまったときには、一九二八年の不戦条約の規定を除けば、まだいかなる種類の戦争も国際法下における犯罪ではなかった。それを戦勝国が、ただ戦争に勝ったからという理由により事後法で裁くのはおかしい、とパール判事は述べた。また同時に、日本は共同謀議をしていないと指摘し、「共同謀議」とは東京裁判の主たる訴因の否定をも意味した。それが成立しない以上、被告全員は無罪にすべきである、と主張したのである。不戦条約（ケロッグ＝ブリアン条約）を基準にしているがこれも国際法として確立されていなかった。そこでは「侵略戦争」の定義すら明確ではなく、「自衛戦争」との境界はどこにあるのか不明であったのだ。不戦条約でさえも「侵略戦争」を、犯罪としていないのではないかと疑問を投げかけたのである。さらに戦争という国家の行為に対して個人が責任を問われるということはこれまでなかった、と指摘した。すべてが一方的な論理で裁判が行われたことを明らかにしている。その一方的論理とは、法理論には敗戦国を裁くという論理がもともとないのだから、この東京裁判が党派的イデオロギーによってのみなされたことになる。

むろんその党派性とは、勝利した側の、ソ連を含んだ「連合国」という党派性であるが、そこに共通な「隠れ社会主義」の党派性があったことに気付かねばならない。この裁判自体は、かってドイツ帝国の初代宰相ビスマルクがいみじくも述べた《国際法は力のある国家同士がつくっているのであって、力のない国が主張したとしても受け入れられないのは明らかである。だから、そのような発言をしたいのなら力をつけてからするしかない》という考え方は、社会主義勢力であろうが民主主義勢力だろうがみな同じである。裁判という公正を装った「儀式」は正義とは関係がない。

天皇の免責

日本では今日まで、近現代史家も評論家も天皇を訴追せずという決定はマッカーサーがした、ということになっていた。

アメリカ政府内では天皇起訴論と不起訴論が対立していたが、東京にいるマッカーサーが九月二十七日、天皇と会見し、占領政策の遂行上、天皇が不可欠と判断したとの不起訴論がマッカーサーの判断に由来するという見解がこれまでの日本では一般的であった。元帥はまた十一月二十六日、米内光政海相に「天皇の地位を変更するという考えを、自分は全然もっていない」と伝えたともいわれる。植松慶太著『極東国際軍事裁判』でも、最近では日暮吉延著『東京裁判』(講談社現代新書、平成二十年)でも繰り返されてきた。それが間違いであったことは、第二章以後述べてきたＯＳＳの存在によって明らかになった。

さらに東京裁判の直前、戦犯リスト作成中のマッカーサーが、アメリカのアイゼンハワー参謀総長に宛てた一九四六年一月二十五日の書簡で、《天皇を告発するならば、日本国民のあいだに必ずや大騒乱を引き起こし、その影響はどれほど、過大視しても、し過ぎることはないであろう。天皇は日本国民統合の象徴であり、天皇を廃絶するならば、日本は瓦解するであろう》という機密電報なども、マッカッサーの証言を中心に象徴天皇論の直接の系譜として論じられてきた。

この裁判が、「勝者の論理」による「復讐劇」である、といわれながら、その国の元首に手を下さなかったことは、ＯＳＳ—マッカーサー—キーナンの線がいかに強力であったかを示している。国務省は東京裁判で天皇を裁くという判断を下していたのである。たしかに日本通の元日本大使であったグルーが、天皇ヒロヒトと天皇制とを区別して持論を展開している。彼が天皇ヒロヒト個人が戦争に反対していたことは、グルー自身が日本に関知した証拠に照らして明らかである、と述べていた。しかし、その名において戦争が行われた以上、天皇はその行為の結果に対して、少なくとも形式的責任は免れない。したがって、敗戦に際して天皇ヒロヒトが責任を取って退位することを免れるとは断じがたいと考えていた。キーナン個人も、はじめは天皇を裁くという側にいたという説もあるほどだ。もっとも昭和二十年十二月に来日したときは、マッカーサーを助けるためにというういい方をしている。このときまでに、ＯＳＳの方針を知ったのであろう。

こうして、ほとんどの裁判官が天皇を訴追して被告席に座らせることにより、少なくともそれで共同謀議を行ったといえるし、裁判も成り立つと思っていたと考えられる。やはり御前会議というのは天皇臨席の下に軍と政府の最高指導層が集まって重要な国策を決めたのであるから、共同謀議ということができる。

裁判長になったオーストラリア人のウェッブも《この犯罪の主導者は、裁判に付され得たにも関わらず免除された》《被告の刑罰を量定する際には、天皇が裁判を免除された事実を考慮に入れるべきだ》と被告の死刑に反対するとさえいったのである。フランスのベルナール判事も裁判の手続きの瑕《か》疵《し》として、天皇の裁判からの免除を挙げている。《だから有効でない》と。しかし、その肝心な人が座っていないということ自体、裁判官の正義観なるもの、ひいては西洋人の理性たるものが、力というものにはいつでも屈することをも暴露しているのである。この場合の力とは、日本国民の必至の抵抗力であり、これを恐れたのである。

しかし東京裁判は天皇を被告から外すという決定をした。それこそ私たちはマッカーサーの畏れの言葉を導いた、日本における天皇の力の大きさを感じさせる。連合軍ははじめて日本史を理解した、といえるかもしれない。とはいえ、彼らは諦めたわけではなく、将来に託する作戦に出たのである。

結局検察官キーナンが、マッカーサーの意向を受けて天皇を訴追しないという判断をしたことから、あとの裁判官は真意がわからぬまま終わったのがこの裁判なのである。ＯＳＳ―ＧＨＱ―マッカーサー――キーナンという連鎖によって、この東京裁判が成り立っていたということになる。

その上に立って、東京裁判ではキーナンが東條英機元首相に最初の弁論を撤回させて、天皇にはその御意志がなかった、と述べさせた経緯がある。《豈、朕が志ならむや》という詔勅の御言葉を引いて、しぶしぶと同意されたと再証言したから、キーナンもその後、追及をしなかったということになっている。

ただ天皇免責の原因がそれ以前につくられていたということも、多くの研究者によって指摘されている。

これまでの学界における日米関係史、占領史研究の通説では、一九四二年十一月十九日のアメリカ国務省におけるホーンベック同省顧問の極東課宛覚え書きにさかのぼるとされる。覚え書きで《われわれの戦争遂行努力の進展にともない、わが国政府が日本国天皇に関して（おそらく皇居や皇室関係の神社等に関しても）とるべき方針の問題を集中的に検討されたい》と要請されて以降、米国国務省領土小委員会内で検討（一九四三年七月三十日～十二月二十二日）がなされている。五百旗頭真、中村政則からもその点が指摘されている。アメリカ側からの戦争終結と戦後改革に天皇を利用する考え方については、国務省極東課で戦後日本構想を立案したジョージ・ブレイクスリー、ヒュー・ボートン、ジョセフ・バランタイン、ジョージ・アチソンらの外交官、とくにコロンビア大学日本史担当から国務省に入った「知日派」ボートンがキーパーソンとされてきた。またボートンにも影響を与えた元英国大使ジョージ・サンソム、開戦時駐日米国大使から四四年十二月には国務次官になるジョセフ・グルーらの日本観・天皇観に焦点を合わせるものも多かった。

日本では米国対日政策形成研究の定説的位置を占めていると評価される五百旗頭真氏の『米国の日本占領政策』（上下、中央公論社、昭和六十年）では、第二次世界大戦期の米国の戦時対外政策が国務省ばかりでなく、陸・海軍、戦時貿易省、さらに大統領補佐官ハリー・ホプキンスやＯＳＳドノヴァンらの多角的ルートで起案され、ルーズベルト大統領の決定がなされてきたことを述べている。対日政策については、国務省の第二次諮問委員会・特別調査部（ＳＲ、一九四一年二月発足、四二年末で七十一名、内学者二十七名）の極東班六名（班長クラーク大ブレイクスリー、コロンビア大ボートン、スタンフォード大マスランドら）が、四二年十月から四三年六月にかけて行った対日方針策定に焦点を合わせている。ここから「徳川時代の百姓一揆」で博士号をえた知日派ヒュー・ボートン～ブレイクスリー～バランタイン、グルーら穏健派外交官の「自由主義的改革に天皇制のマントを着せる」方向が、戦後日本構想の基調となったといわれる。

しかし第一に国務省の構想が大統領の対日政策の柱になったかどうか。今日のイラク戦争でもわかるように、国務省が外交政策を独占しているわけではない。第二に専門家による極東班（中国、朝鮮政策を含む）が戦時政策立案に影響力をもったか疑問がある。ルーズベルト大統領の性格からしても、決して国務省のいいなりになったとは思われない。

中村政則氏は象徴天皇の起源に関し、四二年十二月十四日の国務省極東課員マックス・ビショップの言葉に注目した。天皇を《日本の国民統合の象徴（a symbol of Japanese national unitiy）と記したホーンベック宛て覚え書き、ビショップの上司グルーの四三年九月三十日付ホーンベック宛の《象徴として、天皇制はかつての軍国主義崇拝に役立ったと同様に、健全で平和的な内部成長にとって磁石としても役立っている》といっているからである。その延長上で「天皇は実際上の指導者ではなく、象徴的指導者である」と書いて、グルーが推奨したという日本研究者ヘレン・ミアーズの四三年「日本の天皇」論文、それにボナー・フェラーズがマッカーサーに提出した、天皇を「象徴的元首 the symbolic head of the state」と見なす四五年十月二日の文書が重要だとする。そしてそれがマッカーサーに影響し、東京裁判直前の四六年一月二十五日の先ほど述べたアイゼンハワー参謀総長への手紙にまで発展する、と見ている。

また加藤哲郎氏は、ＯＳＳのソルバート大佐の腹心であるラインバーガー文書を見出している。彼は大佐の「日本計画」の策定にかかわっており、デューク大学助教授として、四二年二月に陸軍省軍事情報部（ＭＩＳ）心理戦争課員、四二年八月から戦時情報局（ＯＷＩ）海外局の極東班長を、ソルバート大佐の下にいたという。日本ではジョセフ・グルーの戦時スピーチ・ライターで、『心理戦争』（みすず書房、昭和二十八年）の著者であるとともに、『人類補完機構』シリーズの覆面ＳＦ作家コードウェイナー・スミスであったことで知られているという。

加藤氏は象徴天皇の起源として、一九四二年六月のＯＳＳの米国心理戦「日本計画」に注目している。《日本の天皇を（慎重に、名前をあげずに）平和の象徴として利用すること》と日本計画にあることが最初である、という。

そこに見たものは天皇の「ネイション＝国民・民族」ないし「ピープル＝民衆・人民」の統合機能であった。しかし同時に「シンボル＝象徴」としての天皇を国旗になぞらえた記述や「国家そのもの」とする見方もでき、「ステイト＝国家の象徴」につらなる流れをつくったと考える。

私が注目する一九四二年二月刊のヒューバイアス著『敵国日本』には、《天皇は日本の聖なるシンボルであると同時に、人間である》と記されてある。この本が参考にされて「日本計画」が生まれたと予想した。「象徴天皇」はすでに新渡戸稲造から語られているが、それが日本の支配工作として取り上げられたのは、ＯＳＳが社会主義の二段階革命を意識し、まず天皇の力を利用して軍国体制を崩壊させ、その封建的体制崩壊の後、民主主義という名の社会主義への転換を考えるという構想が明確になったからである。

ＯＳＳの「日本計画」を一九四三年の段階で承認していたことは書簡でわかるが、マッカーサーがＯＳＳ長官ドノヴァンに対抗心のあったことは、それを明らかにしない態度を説明している。ドノヴァンが情報収集にカトリック側を利用し、一方マッカーサーの方はプロテスタントであったという違いも影響しているのかもしれない。ドノヴァンのＯＳＳの情報力は広範囲で、そこに多数の共産主義者を抱えていたことはすでに述べた。

いずれにせよ、天皇を温存させる政策は、ＯＳＳに決められていたのである。

占領軍の天皇制政策について、ダワーは『敗北を抱きしめて』で、マッカーサーの軍事秘書官であるボナー・Ｆ・フェラーズ准将が最重要の人物だと述べているが、そのフェラーズは、マッカーサーの司令部に赴任する直前まで、ドノヴァン直近のＯＳＳの「心臓」部にあたる心理作戦計画本部に勤務しており、極東のみならず世界全体での米国心理戦略立案で重要な役割を果たしていたのである。そのことをダワーは知らなかったという。ＯＳＳ文書にはその名が一九四三年の「心理戦計画グループ」の四番目にある、と加藤氏はいう。四二年七月から四三年九月までＯＳＳ計画本部に勤務していたというのだ。

加藤氏は、米国の「天皇制温存＝利用政策」の起源はこれらの起源よりもさらに早い、このＯＳＳの「日本計画」だという指摘をしたが、その計画の意図は何であったかは語っていない。五百旗頭氏によれば、国務省の六人の極東班がつくった案（ソ連共産党の「三二年テーゼ」をつくったコミンテルン極東班と同じ程度）では力にならなかった、と述べている。ＯＳＳでは、調査分析部（Ｒ＆Ａ）極東課が数十人のアナリストをそろえ、朝鮮関係でも五人以上の専門家を擁していたという。『資料日本占領１

天皇制』でも、ＯＳＳ関連の資料は国務省を中心に「皇居を爆撃すべきか」以下四四年以降の三本が入っているのみで、四二年四月には爆撃回避の指令がなされていた。

加藤氏は原秀成氏の『日本国憲法制定の系譜・戦争終結まで』（日本評論社）の線で、自分は研究したと示唆しているが、原氏の五巻に及ぶ大著は日本国憲法の策定にかかわった人々の経歴を追って、日本国憲法に込められた想いの数々を俯瞰する「系譜学」の手法を取っている。第一条天皇、第九条戦争放棄のみならず全条項に目配りし、例えばルーズベルト大統領の「四つの自由」や国連憲章がどのように四六年憲法に流れるかを詳しく逐語的に解明している。しかし米国内の流れは国務省・三省調整委員会文書に集中されたため、ＯＳＳの動きが閑却されている。ただしすでに述べたエマーソン＝野坂参三の線はすでに指摘されている。

「戦時」中のアメリカは一枚岩ではなく、国務省の独占的外交権限が弱まっていた、と考える必要があるだろう。それだけ、内部抗争も激化していたのである。ＯＳＳの「日本計画」が廃棄された形になったのも、その政策過程に関する限り、国務省が無視した結果と思われる。しかし実際は国務省の方が受動的で後発であったのだ。その中で、本書で述べてきたドノヴァンのＣＯＩ―ＯＳＳ―ＣＩＡという流れが有力であったことになる。

加藤氏は、ＯＳＳのドノヴァン文書に「極東における戦後のリーダーシップ」という調査分析部（Ｒ＆Ａ）ソ連課長ジェロイド・Ｔ・ロビンソン起草の一九四三年八月十八日の覚え書きがあり、当該覚え書きはチャーチル首相＝ルーズベルト大統領のケベック会談を受けて、戦後極東政策を全面的に洗い直している文章と述べる。それがカイロ・テヘラン会談からヤルタ協定、ポツダム宣言へと連なる連合国の、戦後アジア構想策定を誘導した米国側態度決定にいたる重要な土台になったと思われる。アメリカの動きの本筋が、こちらにあったと指摘している。

ＯＳＳの力を大きく見る加藤氏は《日本の無条件降伏の遅れに乗じて、ソ連の対日参戦が間に合った》ことが、マッカーサーとＧＨＱに跳梁の余地を与え、ＯＳＳ出身のフェラーズや「日本の対米スパイ」とマークされた寺崎英成の暗躍を可能にした、と述べている。

さらに、なぜＯＳＳがそれだけ力をもったかについて、次のように述べている。

《ＯＳＳは、反ファシズムのヒューマニズムと学問研究の特性を利用し、戦時体制下に研究者を総動員し、その成果を吸収しつくして世界戦略を立案し、勝利した。だからこそ、その担い手たちは、戦後アカデミスムで圧倒的な影響力を持ち得た。その実証分析を重んじた組織的な情報戦によって、ナチス・ドイツや軍国日本はもとより、指導者の意に沿わない情報を遮断し切り捨てる旧ソ連の国家哲学強要型情報部や、伝統的なイギリスの秘密主義的諜報戦に勝利しえた》。

ただ、そのソ連と異なった、左翼ユダヤ人学者のフランクフルト学派的な「批判理論」が、ルーズベルトの隠れ社会主義路線によって支持されていったことが、理解されていない。その理解の仕方が、「天皇制民主主義」であるというのも、ＯＳＳの真意をとらえていない。

「Ａ級戦犯」と「一億総懺悔」

「東京裁判」で「Ａ級戦犯」として訴追され裁かれた二十八名の日本人被告は、昭和二十三年十一月十二日、判決を受けた。公判途中で二名が病死、一名は精神病ということで外され、判決を受けたのは二十五名である。そして死刑を執行されたのは七名、服役中に病没した者が五名、計十四名が昭和五十三年靖国神社に合祀された。

私たちは、いつの間にかこの「A級戦犯」という言葉に慣れてしまっている。このことは、あの戦争は国民に責任はなく、すべて戦犯たちの行為であったという、私たちに安易な責任逃れの精神を与えてきた。少なくとも、国民が彼らを選び戦時中支持してきたという事実を忘れさせ、それさえも彼らの勝手な暴走によって我々が被害を受け取ったのだ、という刷りこみ情報に慣れてしまったのである。戦争直後に首相の東久邇宮稔彦王が、国会での施政方針演説の中で、「一億総懺悔」という言葉を使われたとき、日本人はそれを身にしみて感じたにもかかわらず、戦後二十年たつとその言葉が不自然なものに聞こえはじめ、「戦犯」はいるが、自分たちはそうではないという意識になってしまったのである。

「一億総懺悔」などと聞くと、なるほどそれは宗教用語で、いまや意味が理解できない領域の言葉だと感じる。「懺悔」などというと、感情的な言葉のように聞こえ、リベラル派はこれを「仏教用語、キリスト教用語」といってあざけようとしたり、それ故「わけのわからない言葉」にしてしまっているが（半藤一利、竹内修司、保坂正康、松本健一『占領下日本』筑摩書房、平成二十一年）、決して特殊な用語ではなく、過去に犯した失敗を神仏や人々の前で告白し、許しを乞うという意味で、そのときは決して不自然なものではなかった。いまの『広辞苑』もそう書いている。当時は軍部とか支配層だけそうするべきという糾弾もなされていない。これを東久邇宮首相が述べたとき、正直な国民の輿論を代弁していたのである。

というのも「一億総懺悔」と発言したとき、戦争前の平時の法体系に戻すことを閣議で決定しようとしていたのである。彼は記者会見で、日本はいま国民的な苦哀に喘《あえ》いでいる。このようなときこそ、軽々《けいけい》に足並みを乱さず、国家的な団結を維持しなければならない、と訴えたのであった。

《敗戦の因って来る所は固より一にして止まりませぬ、前線も銃後も、軍も官も民も総て、国民悉く静かに反省する所がなければなりませぬ、我々は今こそ総懺悔し、神の御前に一切の邪心を洗い浄め、過去を以て将来の誡めとなし、心を新たにして、戦いの日にも増したる挙国一家、相援け相携えて各々其の本分に最善を竭《つく》し、来るべき苦難の途を踏み越えて、帝国将来の進運を開くべきであります》。

それが「国体護持」につながると述べている。さらに言葉をつないで、そもそも今度の敗戦にはいくつかの理由がある。原爆の投下やソ連の参戦、国民道徳の退廃、それから戦略の間違いとか全部で五つくらいある、というのだ。そのために戦況が悪化し、敗戦を余儀なくされた。

しかるが故に、この段階ですべての国民が敗戦という事態を反省し、懺悔し、そして改めて団結を固めようという。それがいわゆる国民的な「一億総懺悔論」となった。私はこれが当時の日本人の全体の思いであったことに疑いを容れない。天皇の終戦の「詔勅」の精神を、自ら感じとっていたのである。戦争をはじめるときの多くの日本人の共感も、同じものであったはずだ。

この見解は、いまのような軍部だけに責任があるなどと保守まで信じ込んでしまうことに対する、国民全体の責任論の在り方を代弁していたのだと思われる。それをいまさらこれが嘘であった、私は抵抗した、反対だったなどという人がいれば、それは真実ではないはずだ。

むろん、この東久邇宮稔彦王の言葉は、「詔勅」に対して天皇陛下に申し訳ない、という気持ちの表現だとする考えがあるのも知っている。しかしこのような国民全体に責任があるという感情が、日本人の偽らぬ感情であったのである。多くの人々が皇居に向かって跪《ひざまず》いた。自刃するものもいたのである。しかしそれよりも、戦争が終わって安堵する者も含めて、その艱難《かんなん》に国民ひとしく懺悔する精神は共通していたはずである。

それを丸山眞男氏のみならず、後藤田正晴氏のような自民党の中枢まで、同じような意見になってしまったのは、いかにＯＳＳのプロパガンダ路線が東京裁判にも貫かれていたかを思い起こさせる。

この「一億総懺悔」に似た言葉に「悔恨の共同体」という言葉がある。これは丸山眞男氏が使った言葉である。同じような意味であるが、一方は肯定的な意味で人々に賛成を促し、他方は日本社会をつき離した否定的な意味合いがある。

「東京裁判」が閉廷された翌年（昭和二十四年）、東大に奉職した政治学者丸山が、「軍国支配者の精神形態」（『現代政治の思想と行動』未来社所収）という論考を発表した。ニュルンベルクの裁判で、《私は百パーセント責任をとらねばならぬ》といったナチス被告のゲーリングの責任感の強さに対して、日本人被告の「既成事実への屈服」と「権限への逃避」とを常とする「無責任体系」を糾弾しているのだ。その態度は、まさに東京裁判の「Ａ級戦犯」への断罪の精神と重なり、輿論を変える原動力のひとつとなったと思われる。

ナチのゲーリングは、ユダヤ人虐殺の責任を取らされたのであって、戦争を起したことに対する責任ではない。もしそれをいえば、ゲーリングはその責任はない、と主張するに違いない。

丸山氏は「超国家主義の論理と心理」でも、さきの戦争について、これを主導した日本人指導者に「世界観的体系」や「公権的基礎づけ」がないといっている。ドイツ・ナチスの指導者は《今次の戦争について、その起因はともあれ、開戦への決断に関する明白な意識を持っているにちがいない。然るに我が国の場合はこれだけの大戦争を起こしながら、我こそ戦争を起こしたという意識が……どこにも見当たらないのである》などと述べる。私はこれについて批判したことがあるが（拙著『日本と西洋の対話』講談社出版センター、平成二十二年）、丸山氏にはさらに「軍国支配者の精神形態」という論文があって、東京裁判での日本人被告の「矮小性」をナチ戦犯の「明快さ」と対比的に論じ、繰り返してナチの責任感の強さに感心している。「空気」で行動する日本人が、自分の主体的な「責任」が取れないということを論難しているのである。そして戦争における蛮行を日本人についてだけ非難している。丸山氏の「悔恨の共同体」とはまさに大東亜戦争を日本人が「悔恨」するものでなければならないというのである。

しかしなぜ、丸山氏はこうした日本の軍国支配者だけを批判するのであろうか。国民の一人として自分自身がそうではないとでもいうのであろうか。もし軍部がゲーリングのようにするべきだとするなら、彼自身それができるかどうか見極めるべきだろう。若いときに何年も西洋に留学して、むこうの学者の中で議論し合い、西洋人的な生き方が身に付けば、ゲーリングのようになれるかもしれない。それは習慣の問題であって軍部の「既成事実への屈服」や「権限への逃避」「矮小性」の問題ではない。

しかし彼は政治学者として、こうした支配者批判をすることが、勝利国の、日本人自らの歴史否定をさせる、謀略性に気付かなかったのであろうか。そしてＯＳＳの意図した、日本国民の分裂を目的とする軍事政権断罪を、日本人として肯定してしまっていることに。丸山氏自身が、日本の共同体を批判するマルクス主義者と同様であったのだ。

ＯＳＳの「日本計画（最終報告）」の中に《日本の諸階級・諸集団間の亀裂を促すこと》とある。《今日の軍部政権の正統性の欠如と独断性、この政府が、天皇と皇室を含む、日本全体をきまぐれに危険にさらした事実を指摘すること》と述べられている。まさにこれを日本人自ら行ったのである。

つまりこの軍事政権を裁判にかけるという意味は、日本に階級分裂の状態をつくり出し、国民同士を闘争状態にするということである。日本人全体を断罪することによって、敗戦という処罰で十分であるにもかかわらず、指導者層をギロチンにかけ人民と対立を図り、日本社会の階層分裂から、次の段階でさらに日本を変革する、というイデオロギーがあるのを見て取るべきなのだ。

キーナン首席検察官は検察側冒頭陳述（昭和二十一年六月四日）で《文明である連合国が野蛮な日本を裁くという枠組み》を示した上で、《彼等が同胞の上に何を齎したかを見んと欲するならば我々は単にこの建物の階上に数歩を運べば足りるのであります。人が記述に依り為し得るより事実はさらに雄弁に語って居ります》（『極東国際軍事裁判速記録』九号付録）といっているのは、その指導者層が人民にもたらした事実を指摘し、空襲の惨害は被告席に座るこの《極めて少数の人間》たちの責任にほかならないと、あからさまに糾弾しているのである。「結果責任」への追及である。

しかしこれは《極めて少数の人間》の戦争責任のみを問うということである。これを明示することで、その他多数の日本人を事実上免責し、対立させ、占領軍への協力を容易にするための発言であった。法律的考察ではなく政治的工作であったのだ。ここにあるのは、オブラートに包んだ階級闘争史観である。軍部とそれを支える財閥に対する階級闘争を指示している。それが戦後のＧＨＱによる「財閥解体」に結び付くことになる。実際、東京裁判の審理の場で、訴因にもない「Ａ級戦犯」の敗戦責任が糾弾されることは、ある意味では階級裁判であった。戦後、常に政府と国民は対立するといった発想は、ここから出ていたのである。

確かに「Ａ級戦犯」と名指しされた人々自身も、東條英機大将以下、何かしらの形で自国民に対する責任を明言している。彼らは戦前、戦中の日本の指導者であり、当然そのような意識をもつであろう。これも彼らが、裁判中にキーナンらの見解にすでに馴染んでしまった結果でもある。

しかし当のマッカーサー司令官自身が、後に米議会で、この戦争の理由を資源の乏しかった日本が輸入規制等により包囲され、何千万、何百万という国民が失業に陥ることを恐れて行った安全保障のためであったと証言しているのでもわかるように、彼らの戦争を起こした責任は国民のためであったのである。日本が「ハルノート」を拒否せざるを得なかったことは当然である、という理解を意味していた。

それに対し、戦後《「ハルノート」を受諾出来なかった筈はない》という非難が軍部に浴びせられたとき、東郷茂徳は《戦争による被害がなかった丈け有利ではなかったかとの考があるかも知れぬが、これは一国の名誉も権威も忘れた考へ方であるので論外である》と、獄中で記した『時代の一面』の発言でそのことを述べている。

戦後、同じようにこの国民の分裂を意図するＯＳＳの意図が見抜けぬ人たちがいる。それは《結果として負けたからではなく、初めから戦争を導いた点で、「Ａ級戦犯」の多くは、国民に対して政治的責任をもつのではなかろうか》（村田晃嗣『朝日新聞』平成十七年七月三十日）などという学者も、結局同じＯＳＳの支配者、被支配者を分裂させる宣伝に乗っていることになる。

ほかに自民党の副総裁であった後藤田氏まで、《Ａ級戦犯といわれる人たちが戦争に勝ちたいと真剣に努力したことを、だれも疑っていない。しかし、天皇陛下に対する輔弼の責任を果たすことができなかった。国民の多くが命を落とし、傷つき、そして敗戦という塗炭の苦しみをなめることになった。そのことに、結果責任を負ってもらわないといけない》と「東京裁判」を肯定するような発言をしている。

牛村圭氏は《靖国合祀の十四名の「Ａ級戦犯」全てに敗戦の責任があるという前提に基づく論理である。侵略戦争の遂行の共同謀議で、日本側被告を一網打尽にしようとした検察側の枠組みと同じ、すなわち「個」を認めない視点が感じられる。戦後政治に残したその足跡には敬意をはらいたいものだが、この元副総理もまた、「Ａ級戦犯」それぞれの功罪についてはあまりご存じないのではないか、と思わざるをえない》（『「戦争責任」論の真実』ＰＨＰ研究所、平成十八年）と述べているが、《日本側被告を一網打尽にしよう》とするアメリカ側の意図に、さらにイデオロギーがあったと見るべきなのだ。

そこに東京裁判と日本国憲法の一貫性があることは、ＯＳＳを牛耳ったフランクフルト学派の「隠れマルクス主義」による、階級という言葉を使わない「階級闘争史観」のひとつの成果であるといってよい。この裁判とともに日本国憲法にもそれがもち込まれたことに、保守の側でさえも気が付かなかったのは、やはりマルクス主義音痴とでもいうべきであろう。これらによって日本国民の価値観を転換させるまでの大きな影響を及ぼすことになったことさえ理解しないでいる。この日本国内の少数勢力であるはずの「革新」勢力が、あたかも大きな力を持ったかのような理論を与えられたのである。この二極分解によって『権力を取らずに世界を変える』（ジョン・ホロウェイ著、同時代社、平成二十一年）術策にはまり、戦後の「左翼」化がはじまったのである。少数勢力が多数派をよそおう理論である。

これらがOSSのプロパガンダ路線を継いだ左翼GHQの意図であった。GHQ司令部に対する批判を一切認めないというGHQの指令、東京裁判の結果を批判してはならないという徹底した統制が出ていた。《連合国最高司令官および司令部に対する、いかなる一般的な批判および以下に特定されていない連合国最高司令官指揮下のいかなる部署に関する批判も、この範疇に属する》という指令である。むろん、極東軍事裁判に対する批判も禁じられ、アメリカのみならず共産党国のソ連に対する批判も一切封じられた。この恐ろしい左翼的な全体主義が、あたかも正義の法であるかの如く新聞、放送を通じて蔓延した。この占領時代に一万にも上る焚書、禁書令が出ていたことを、日本の論壇は無視してきたのである。

これら「A級戦犯」が、ほかの死者とともに靖国神社に合祀されたのも当然である。それは昭和五十三年のことであるが、松平永芳宮司の主張、すなわち昭和二十七年四月二十八日までは戦争だったという考えは正しい判断であった。占領下は戦争の期間である。その間に亡くなった人たちは平等に殉難者であるという考え方は、軍事裁判がある種の「階級裁判」であって、決して正しい意味での「裁判」ではなかったからである。昭和三十一年、厚生省が刑死者に殉難者と同じように年金を出していることも事務的な手続きとはいえ、当然のことであった。松平宮司によれば、維新殉難者を前例として裁判の途中に獄中で死んだ人たちもみな殉難者としたということだが、まさにそれが「一億総懺悔」の精神の体現であったのだ。

この判断は正しかったのである。国民がすべて敗戦という責任を取った以上、それをあたかも国民には責任がなく、一部の軍国主義者だけに責任があるなどということは、現実の過程ではなかったからだ。

最後に一言すれば、サンフランシスコ講和条約第十一条の《日本国は、極東国際軍事裁判所ならびに日本国内及び国外の他の連合国戦争犯罪法廷の裁判を受諾し、且つ、日本国で拘束されている日本国民にこれらの法廷が課した刑を執行するものとする》とある。これによって、日本はこの「東京裁判」を受諾したと解釈してきた。日本はサンフランシスコで戦争責任を認め、謝罪して国際社会に復帰したはずだといわれてきたが、裁判が《儀式化された復讐劇》だとすれば、この「平和条約」も「儀典化された復讐劇」なのである。これらの「儀式」や「儀典」は、日本人の正当な行為を覆い隠すものにすぎなかったのだ。

第十章　世界のメディアを支配するフランクフルト学派

『正論』平成十五年八月号「日本のメディアを支配する〝隠れマルクス主義〟フランクフルト学派とは」改題・加筆

テロリズム肯定の思想とは何か

最初に個人的なことを述べるのも恐縮だが、拙稿を書くひとつの原因になったのでご容赦願いたい。平成十五年、私はベルリン大学から招聘《しょうへい》を受け、ベルリンに滞在した。前年の十二月に手紙をもらい、半年間、日本の歴史とくに文化史を講義するように依頼された。招聘の手紙には前年出した拙著『国民の芸術』について触れられ、それを評価する言葉もあって嬉しく思った。

ベルリン大学といえば、以前はフンボルト大学という名称で、一八〇九年に設立され、ドイツの一流の学者がここで学んだことでも知られる。フィヒテ、ヘーゲル、マルクス、アインシュタインからグリム兄弟といった人々までここで学んだり、教えたりした。なにせ歴史学のランケという泰斗がいたところである。私はヨーロッパではローマ大学やボローニャ大学など伝統のある古い大学でも講演をしたことがあったが、ここで日本の歴史を教えるならやりがいがあると思った。多少とも日本文化の流布にもなり、「つくる会」の宣伝にもなると思えた。

ところがこの招聘は撤回されてしまった。それは私が「つくる会」の活動をしているから、という理由であった。拙著にそのことがすでに書かれていたから、招聘者がそのことを知らなかったはずはない。その教授は日本学の専門で、日本語に堪能であることが知られている教授である。

あきらかに雑音が入ったのだ。それも一度出した教授の公式の手紙を撤回するだけの、相当の反対があったことになる。撤回を告げる手紙には、「つくる会」の運動が政治的な団体で、そのような団体の会長が講義をすれば、どんな騒動がおきないとも限らない、と述べていた。何やらこの団体が極右の政治団体というような情報が入ったらしい。

私はこの撤回が、およそ天下のベルリン大学たるものにふさわしくないと思ったが、まだこの大学には、東ドイツのマルキストが残っているようで、それを気にしたのだな、とその時は考えた。この大学は東ドイツに帰属していたため社会主義下に入り、学問もその支配下で沈滞していたことも知ってはいた。学会がやれないほどそのレベルが下がっていた。何よりもまだ社会主義の悪夢をやっと通りこしたばかり、という感じであることも、数年前のベルリン学会のおりに聞いていたので、それならそれで致し方ない。

困惑していた矢先、同じベルリン大学の美術史学の方から、東洋の西洋美術への影響というテーマで招聘状が来たので、渡りに船でほっとした。全く別個の学科だったので、日本学の教授が依頼したものとは思われなかった。このテーマで私を中心にして学会を開くとさえいってくれた。この主題も、私はすでに本や論文を出していたので、それを評価してくれたと思われたので嬉しかった。美術史の方は、東独マルキストたちの影響は少ない学科だったのかもしれない。それで私は「つくる会」にも相談して承諾を得た。仲間がその間、助けてくれることになった。

それにベルリン大学で、あらためて東西の歴史学について調査することも多少「つくる会」に寄与することができる。ヘーゲル、ランケ、マルクス、ウェーバーなど、日本歴史研究に方法論として影響を与えた歴史家はドイツが主流で、彼らを研究することによって、その影響下にある日本の史学を根本から考えなおす機会になろうと思った。

しかしこれだけの経緯なら、あくまで個人的なことに属する。実はベルリンに来て、日本の歴史学講義の依頼の撤回が、単に教授一人の臆病さだけによるものではないことがわかった。というのも、私の日本の文化史講義は、もともとフランクフルト大学の教授がやるはずであり、それが断られたので私の方にお鉢が回ってきた、という経緯があったらしい。その教授の代わりに私を招くということが知られた途端に、反対の声が上がったというのだ。その教授が猛反対したばかりでなく、その声が大学理事会において多数を占め、私の講義は中止になったという。私のことを聞いて喜んでいたベルリン大学の学生たちが残念がっている、といった情報も入って来た。

その教授のいるフランクフルト大学の名で思い起こされたのが、フランクフルト学派のことであった。マルクス主義学派の牙城である。その教授がどのような思想の持ち主か直接知らなかったが、ドイツではこの学派の影響が強いことは知っていた。拙著で展開したような、日本の伝統とその文化史的価値、そして何よりもそれを通じて、日本の文明の歴史が現代と連続しているという思想は、彼らにとってはナショナリズムの典型のように思われたのであろう。しかし最初に招いてくれたベルリン大学の教授は決してそのように読まなかったのである。

すでに述べたようにフランクフルト学派などというと、日本では一部のドイツ専門の社会学者以外に馴染みがないし、左翼の学者でさえもあまりふれない。しかし西欧におけるこのマルクス主義学派の重要性はつとに指摘されている。注目すべきはこの思想が政党政治家たちや労働組合のマルクス主義ではなく、知識人のマルクス主義である点で一般に知られていないことである。これは労働者階級ではなく、今や人口の多数を占めるふつうの中産階級の変革を目指している思想である。つまり単に文化に関心をもつマルキストというのではなく、文化そのものがマルキストの戦いの中心だと考えているのである。この学派の思想が、学界、ジャーナリズムを軸にして現代を世論の上でリードしており、たとえ内部での論争はあろうとも一致してマスメディアを占領し、その「批判理論」を展開しているのである。体制の内部に入り、その中から、「体制否定」の理論を繰り返すことによって、社会の内部崩壊をもたらそうという理論といってよい。

そして現在、この思想が、テロリズムを肯定するインテリの思想をささえている、といってよい。二度のイラク戦争のことでたびたびジャーナリズムに登場するチョムスキー、サイード、ソンタークなどアメリカの学者は、大きな意味でフランクフルト学派の中にいるといってよい。ニューヨークの九・一一テロを見てひそかに喝采し、各地で頻繁に起こるテロを共感して見ている人々の中に巣くう思想を支えているのが、この学派である。戦後、一時サルトルをはじめフランス左翼がはやり、その後フーコーやアルチュセール、デリダといった新しい動きがあったが、それよりもアメリカの大学に食い入ったフランクフルト学派の影響が大きいのである。

この脅威をいうのは、無論、私だけではない。アメリカの評論家・政治家のパトリック・J・ブキャナンが『西洋の死』(二〇〇二年一月刊行)という衝撃的な書を出してアメリカでベスト・セラーになった。西洋先進諸国の没落が子供の減少にあり、それが貧困な周辺の移民によって代置され、二〇〇〇年代の後半には、アメリカも西洋もそれで崩壊する、という本の内容だが、その中でこのフランクフルト学派の影響を強調しているのである。まさに人口減少で「悩むアメリカ、滅びゆく西洋」をつくり出しているのがこの学派の危険な思想だ、というのだ。この書のフランクフルト学派を信奉する民主党の左派や、それを支持する少数のジャーナリズムへの批判は激烈である。

日本でも『病むアメリカ、滅びゆく西洋』（宮崎哲弥監訳・成甲書房）という邦題で出されたが、日本のことはあまり触れていないせいかさほど評判にならなかった。西洋世界の復活の条件として何よりもキリスト教の復権が必要であるというから、もし日本を論じたとすれば、キリスト教の優越性が論じられなくなるからだろう。つまり先進諸国がすべて「世界最高の宗教、キリスト教」に支えられて復活すべきなのに、日本だけは例外になってしまう。というよりも日本の論壇はまさにその亜流のフランクフルト学派で占められているから、といった方がよさそうである。

フランクフルト学派とは何か

日本にとってもこの学派の影響は大きい。とくに一九六〇年代から七〇年代に学生であった世代は、この学派の影響下にあったといってよい。全共闘世代とか団塊の世代といわれる人々である。マルクーゼとか、ライヒ、フロム、ホルクハイマーなど、当時にぎわした名前の記憶がある方もいるかもしれない。あるいはルカーチやグラムシといった名前でおわかりの方々もいるだろう。そこから革命思想が、別の形をとって資本主義社会に潜行する。今日の反戦運動、差別撤回、フェミニズム、ジェンダーなどのこともすべてこの学派から出た理論によっているのである。

日本ではマルクスやレーニンなどの名に隠れて、この学派の名は傍流として考えられた節がある。構造改革路線や修正主義と思われていたかもしれない。日本ではもともとの原典は読まれず、ただある種の雰囲気が主流となるから、この学派の名があまり表に出ることはなかったかもしれない。しかし共産党、社会党といった政党下の勢力以外の左翼の大部分はこの学派の影響にあったといってよい。これらの政党が衰微するに反比例して、学界ではこの勢力は根を強く張っていった。まともな労働者の闘争を叫ばず、学生、インテリをターゲットにした運動といってよい。

何だそのことか、といわれる方もいるかもしれない。しかしアメリカに移ったフランクフルト学派の影響がそれより古くアメリカ政府の中にも入りこんでおり、それがすでに日本の戦後の憲法作成にも影響を与えているというのだから、問題はかなり深刻である。元来日本の憲法などというものは慣習法で十分なのだが、それを契約法にしてしまったのである。戦後の日本というものを、それまでの日本の歴史から切断させようとしている内容は、この学派の意図であることは明らかである。将来の社会主義革命をやりやすくするための布石だ、といってよい。

フランクフルト学派の思想を『広辞苑』で引くと次のように出ている。《ヘーゲル・マルクス・フロイトに依拠して、市民社会批判を展開した》。この思想は一般的に《「批判理論」と呼ばれ、学際的な立場から唯物論を展開し、現実の社会における抑圧や支配の構造を分析し、人間をそうした不正の状態から解放することを目指すものである》と。これでマルクス主義の闘争理論とは異なった難解な理論だと考えてしまう。が、実をいえば決してそういうものではない。そこにはインテリをねらった知的な革命思想があるのである。だいたい全共闘世代や団塊の世代に植え付けられたムード的な左翼思想を思い起こせばいい（そこがこの思想の恐ろしいところともいえる。その学派の名前など知らなくても、秘儀めいた革命思想なのである。日本でも何やら新しいマルクス主義を難解な言葉で語る新左翼はみなこれの亜流である）。

日本のあるフランクフルト派学者がこういっている。それは《理性的なものを次々と破壊していく》という思想である。あるいは《現在私達が持っている「人間性」を完全に破壊したところで初めて何か新しいものが始まる、というラディカルな思考》というものだ。その先にはテロリズムの肯定があることはいうまでもない。この学派の《マルクス主義というのは、資本主義下でつくられた人間を破壊したうえでないと共産主義にいけない》という考え方である、と（『フランクフルト学派の今を読む』情況出版、平成十一年）。

どうしてこんな思想が生まれたか、繰り返しをいとわず述べておこう。

この学派の誕生は、一九二三年にドイツのフランクフルト大学で、マルクス主義者ルカーチ（一八八五―一九七一）らが設立したマルクス研究所からはじまる。これはソ連のマルクス・エンゲルス研究所にならってつくられたものだ。つまりもともとがマルクス主義の牙城としよう、とするものであった。それがドイツ社会学研究所となり、この学派から出た社会学者、歴史学者がナチス批判の流れにのって戦後、ドイツの大学ばかりでなく、アメリカにまでおよんでいることも知られている。この学派から出た戦後のマルクス主義が、以前のマルクス・レーニン主義の政治革命路線と異なった路線として知的なインテリをとらえたのだ。あの一九六八年の「五月革命」や日本の全共闘の動きも、このフランクフルト学派の影響下にあった。日本でも一九六八年に最初に紹介されているが、雰囲気はすでにつくられていた。その後本家は第二、第三世代に移り、マックス・プランク研究所の社会科学部門となって、名高い社会学者ハーバーマスらがいることでも知られている。しかし第一世代から生まれた学者・ジャーナリストが欧米世界に散っており、多くの学者・知識人を輩出しているのである。

この辺の経過は先ほどのブキャナンの本がわかりやすく書いている。今、彼の書によって分析を進めよう。

《まず一九三〇年マックス・ホルクハイマー（一八九五―一九七三）が同学派の中心的存在となった。ホルクハイマーもまたマルクスの分析は現状と異なることを認識し、労働者階級は革命の前衛にならないと考えた。すでに西欧の労働者たちは中産階級に移行しつつあったのである。憎むべきはブルジョワである。彼はマルクス思想を文化用語に翻訳し始めた。古臭い闘争マニュアルを捨て、新しいマニュアルが執筆された。旧マルキストにとって、敵は資本主義、新生マルキストにとって敵は西洋文化。旧マルキストにとって権力掌握の手段は暴力による政権転覆であり、それは一七八九年のフランス革命や、一九一七年のペトログラードにとって権力掌握の手段は暴力によるものだ。新生マルキストにとって、権力掌握に暴力は不可能、長期にわたる忍耐強い作業が必要で、西洋人がキリスト教精神を捨てさること。文化教育制度を握ること。まずは文化――「堅牢堅固な要塞」を支配せよ。そうすれば国家――「外堀」は労せず崩壊する。そのために「批判理論」を提唱した》。

二十世紀が「社会主義革命」の世紀であったことは誰でも知っている。現在でも中国、北朝鮮、ベトナムのような国がまだ社会主義国の名を付していることでも脅威は残されている。しかし西欧では、一九一七年のロシア革命以後、本当の意味での革命は起こっていないという認識がある。第二次大戦以後、勝利国側に立ったソ連の軍事占領により、東欧諸国が社会主義国になったが、自ら革命を成功させた国はないという認識である。

西欧では一九一七年十月のロシア革命に続いてブタペスト、ミュンヘン、ベルリンでも「革命」

が試みられたことは日本ではあまり知られていない。ドイツのミュンヘンでも共産政権が試みられたが、ドイツ軍にまたたく間に鎮圧されたし、ベルリンではローザ・ルクセンブルクやカール・リープクネヒトに率いられたスパルタクス団の蜂起も失敗に終わり、二人は政府義勇軍に殺された。一九一九年のベラ・クンによるハンガリー人民革命は数カ月で崩壊している。トロッキーは革命推進のために、赤軍を組織し、ポーランド進攻を試みたもののヴィスワ川で敗れている。ソ連以外はどこにも革命は成功しなかったことが革命側に深刻な影響を与えたのである。期待していた労働者階級、プロレタリアートは一向に立ち上がらず、一部の蜂起もみな成功しなかったからである。彼らにとって必然のはずであった労働者階級の革命は必然ではなかった。

ハンガリー革命に参加したルカーチはソ連に亡命したが、彼は革命が起こらない原因を考えた。それを人民の伝統の文化の存在である、としたのである。つまり彼らに、キリスト教的思考がしみつき真の階級利益に気付いていない、と思えた。ルカーチは著書『歴史と階級意識』で、近代資本主義下の人間の「自己疎外」を説き、労働者階級だけの問題から、人間全体の物象化という事態を重視している。彼は共産党のコミンテルンの主導者になったが、《古い価値の根絶と、革命による新しい価値の創造なくして世界共通の価値転覆は起こりえない》と考えた。ハンガリーのベラ・クン体制で、教育人民委員代理になったルカーチは自らの思想を実践に移した。

その一環として彼は過激な性教育制度を実施したりした。当時のハンガリーの子供たちは学校で自由恋愛思想やセックスの仕方、中産階級の家族倫理や一夫一婦婚の古臭さ、人間の快楽のすべてを奪おうとする宗教理念の浅はかさについて教わった。もしこれと同じことが現在日本で行われているとすれば、まさに共産主義教育の実践といってよい。

　また女性を当時の性道徳に反抗するように呼び掛けた。こうした女性と子供の放縦路線は西洋文化の核である家族の崩壊を目的としていたのである。ルカーチが祖国を捨てた五十年後、彼の思想は「性革命」で生き続けているのである。その彼がその後ドイツ、フランクフルト学派の基礎をつくったのだ。

　このフランクフルト学派にはホルクハイマー、アドルノ、フロム、ライヒ、ベンヤミンなどの学者がいたが、すべてユダヤ系であったために、ドイツのナチスの勃興とともにアメリカに亡命した（ベンヤミンは途中で自殺した）。そしてコロンビア大学の援助を受け、アメリカでフランクフルト学派を設立したのである。アメリカには政治的な意味では共産主義の理論は根付かなかったが、このフランクフルト学派の存在によって、その思想が流布したのであった。そしてその中には日本の憲法草案づくりに参加した若手のハーバード大学の法律家がいたとしても不思議ではない。さらに占領下日本において、日本人の表現活動を監視し、検閲した人々もこの派の影響下にあった。日本の過去を否定するのに懸命になったことはよく知られていることだ。

　その理論はマルクス主義の用語をそのまま取らない。たとえば彼らの理論に「批判理論」があるが、これも《現代の技術的合理性が、自然支配と社会支配という二重の疎外を惹起していることを批判し、独自のユダヤ的ユートピア意識（革命、メシア思想）のもとに理性の復権を目指す》（『広辞苑』）ものだ。つまり現代の人間がすべて自然からも社会からも疎外されているという、マルクスの疎外という言葉を重要視した理論である。ここにはルカーチの理論の影響がはっきり窺える。

社会からの疎外を否定するといえば、文化の主な要素を完全否定する批評ということになる。その批判対象は《キリスト教、資本主義、権威、家族、家父長制、階級制、道徳、伝統、性的節度、忠誠心、愛国心、国家主義、相続、自民族中心主義、因習、保守主義、何から何まですべて》という。これをやさしくいえば、「批判理論」は、社会のすべての現象を批判することになる。よく考えると、キリスト教を除き、日本人が戦後批判してきたすべてがここに含まれている。つまり、この理論こそが、戦後のアメリカと日本が共有するひとつの思想であったことになる。

ブキャナンは彼らのキリスト教非難を重視しているが、それればかりではなく「西洋社会は、人種差別、性差別、移民排斥、外国人嫌い、同性愛嫌い、反ユダヤ・ファシズム・ナチズム」など、そこにもっている偏向をことごとく西洋社会の特質にして、批判していることに注目している。ナチズムそのものを西洋社会の疾病と考え、それを西洋文化から出たものとして否定するのである。これは日本においては、同じ事を中国や朝鮮でしたととらえ、日本の戦争を「侵略戦争」であり、「南京大虐殺」をつくり上げて日本人の疾病とする思想と共通している。

この学派の影響を考えてみると、いかに平成十四年の『新しい歴史教科書』の反対運動が、彼らの主戦場であったかがわかる。「子供と教科書全国ネット21」などという組織が組まれ、共産党不破議長が率先して、『新しい歴史教科書』の批判の本を書いた。この教科書が検定に通ったときも、朝日、毎日、赤旗などすべて一面トップでその非を唱えたのも、まさに選挙などの政治的運動よりも、こうした教育問題の方が中心的な戦いであったからなのだ。この教科書の採択が零に近かったときも、それが主として中学生のレベルで使いにくい教科書であったにすぎないのに、あたかも近隣諸国への侵略戦争の記述が悪かったのだ、という政治問題に勝利したような記事を書いて大喜びをしていたのも、まさにこの戦いが彼らにとってどれだけ主要なことであったかを示している。

無論、彼らはフランクフルト学派のことはあまり知らないし、報道もしない。しかしそれはこのような傾向がすでに既成のものとして根付いていたからだ、といってよい。日本人が戦後、経済において高度成長を遂げたあと、その豊かさと自由を享受しながらも、《疎外感、絶望感のようなものを覚え、社会や国家は差別的で邪悪で忠誠を誓うに値しないと思いはじめた》のも、このフランクフルト学派の理論どおりの状態である。そしてこの「批判理論」が、これらマルキストたちにとって、将来の「革命の必須条件」なのである。

この「批判理論」の影響を受け、戦争もない西側の平和の時代でさえ、六〇年代の多くの西洋、日本圏の人々は自分たちが疎外の中におり、堪え難い地獄に生きていると教えられ、そのように感じるようになった。長髪で髭をはやし、ギターを奏でるヒッピー世代の反戦運動が生じたのもこの頃である。学校では《試験やテストは暴力の一種、体育の強制も苦手の者や不安な者にとっては暴力と同じ。生徒は許可もなく廊下にでてはいけないという規則も暴力なら、無理やり授業を聞かされるのも、自習室での勉強を強制されるのも暴力》ということになる。放任、登校拒否も自由ということになり、学級崩壊も当然のこととなる。そのために「ゆとり」教育も生まれることになる。教科書のレベルを下げなければ生徒たちはついてこない。

《エーリッヒ・フロムの『自由からの逃走』も、ライヒ（一八九七―一九五七）の『ファシズムの大衆心理』も『性の革命』もこの「批判理論」を反映している。最も影響を与えたのが『権威主義のパーソナリティ』で、これにより、経済決定論が文化決定論に置き換えられた。裕福で一家そろってクリスチャン、父親が権威主義的という家庭に育った子供は、独裁的な人種差別主義者に育つという決定論をぶつ。これを「ブルジョア社会に対する断固たる告発だ。ちょっと前まで単なる時代遅れとみなされていた事象を、ふいにファシスト的かつ歪んだ形態とこじつけた」と評された》とブキャナンは指摘する。

《ファシズムの営巣を家父長制家族に見出したアドルノは、今度はその生息環境——伝統文化——をこう分析した。「ファシズムへの感染は中産階級に典型的な現象で、その〝文化に内在する〟といえる。よってそのような文化にすっかり順応した中産階級こそ、最も偏見に満ちた層と考えられる」と》。アドルノが《アウシュヴィッツのあとで詩を書くのは野蛮である》といったとき、それを支持した中産階級の文化の圧殺を意味していた。いわゆる「ナチ、ファシズム」は絶対的悪、それを生んだ中産階級はみな悪にしたて上げた。

アラン・ブルームの『アメリカ・マインドの終焉』という本では、アメリカの高校生はほとんど教養がなくなった、ということを述べているが、それは日本でも同じである。古典は読まれず、軽い反抗的な現代小説が読まれる。自国の過去との連続性、父母、祖父母…と代々受け継がれてきた伝統的な思想の切断こそ、彼らの新しい抽象的な市民社会形成の基本なのである。古臭いことは悪いことだという宣伝は戦後徹底した。中産階級に自由な時間を与えて、「ファシズム文化」を避けさせるためだ、という口実なのである。

《性に関してもマルクーゼは『エロス的文明』で、「快楽文明」を提唱し、文化的規範をすべて拒絶せよ（「偉大なる拒絶」という）、そうすれば「多種多様な邪悪」の存在する世界が見えてくる、創出される、という。ホルクハイマーがマルキ・ド・サドの崇拝者であったことはむべなるかなである。「戦争よりセックスを」と述べたのも彼である》。

このフランクフルト学派の代表的な論者《マルクーゼの『一元的人間』は、「右翼に対する不寛容、左翼に対する寛容」を要求し、そこに「教育的専制」を行い、一方で「解放的寛容」を要求した。これが一元的態度である。逆ファシズムである。ベトナム戦争で、戦争擁護派を黙らせ、戦争反対で、そのくせベトナムの旗を振る過激派を支持した。右翼の暴力は許さないが、左翼なら何でも大目に見る。これでなぜ左翼がテロを行い、右翼に対しては絶対許さない態度をとることが当然であるかがわかる》とブキャナンは述べている。一見フェアのような学者の理屈も実をいえば党派的なものなのだ、と。

彼らは「プチ・ブル批判」をしなければならない。民主主義を生んだのはこの中産階級であり、日本社会が維持されているのもこの中産階級の存在である。日本では九五％の人々が自分を中産階級と信じていることは知られているが、労働者階級の革命が起こるはずがないので、彼らを何とかして革命の側に呼び込まなければならない。権力への反抗の側にひきずり込むためには、彼らの安定した考えを否定し、不安にさせなければならない。伝統的に親から継いできたことを断絶させなければならない。それを学校で、大学で早くから叩き込まねば、彼らは反抗しない。

ブキャナンは《フェミニスムもマルクスの『ドイツ・イデオロギー』の中で、家父長制家族は、まず妻子を財産と考えると述べているところから始まる。物質的所有と同じと見る。エンゲルスは『家族、私有財産及び国家の起源』で、女性差別の根源は家父長制にあると論じ、これが基礎となった。エーリッヒ・フロムは、性差（ジェンダー）は固有なものではなく、西欧文化によって創出される、と主張し、フェミニズムの始祖となった。ライヒは「権威主義的家庭は権威主義的国家の縮小版……帝政家族は帝政国家で繁殖する」と述べる。アドルノにとっては家父長制家庭はファシズムのゆりかごである》という。

彼は家族から父親を追放するために、母親が父親と役割を交換させることを提唱した。女性が男の役割を演じることができる、ということもソ連で早くも実現していたが、ソ連の人口の停滞を招いたことはその影響である。子供を生まない、という女性が多くなったのは、まさに男性と性の役割は相対的だ、とする考え方に立っており、フランクフルト学派の考え方が元になっている。

《西洋社会というコンテキストにおいて「長期的制度改革」とは、マルクーゼ流にいうと「すでに確立した制度内に身を置いての働きかけ」を意味していた。主としてそうした手法──対決というよりむしろ徐々に侵入、潜入する──によって、マルクーゼらの急進派が目指すカウンター・カルチャーの夢が実現した》（ロジャー・キンボール）のであった。この思想は、内部からの解体をすすめることである。日本の官僚にこの傾向があるのもこの思想からということができる。

こうした思想を大学時代に教えられると、その破壊的な傾向が、大学に残った学者にも報道機関や出版社に就職していったジャーナリストにも受け継がれていくのである。それは必ずしもフランクフルト学派の書物を読んだ、読まなかったにかかわりがない。難解さで学者でさえ辟易するものを、若い学生が理解できるものではない。しかしその真意は容易につかみとれるから、それが日頃の言動にもあらわれる。恋愛をしても夫婦生活となると破壊的になり、家族生活を十分に営むこともできない。自分自身が組織で権力を得ても、その責任はわきまえず、政府やそれ以上の権力に常に批判的になる。秩序を形づくってきた伝統文化を否定する。大学での歴史学、社会学は、そこからの離脱を教えられる。出版もできるだけ批判的な書を出すことが、進んでいると感じるようになる。そして子供をもったとしても、その子供にその反抗的気分が受け継がれていく。現在の多くの子供が、日本に戦争があったら「逃げる」と答えるのも、この影響といってよいだろう。国家はもともと否定されているのだから、それを守ろうとする意志もない。

官僚でさえ何らその思想的な変更を強いられぬまま官庁に入るから、当然それに即した法律なり、規則がつくられていく。戦後の法律の多くがそれであり、日本が内部から社会主義化していったのもよく理解できる。戦後、アメリカによってつくられた憲法や教育基本法から、近ごろの男女共同参画法案やジェンダー・フリー教育まで、ひそかにフランクフルト学派の影響がしのびこんでいる、と見ることができる。

イタリア共産党書記長グラムシの思想

ここで、そんな思想がマルクス主義なのか、と疑問を感じる向きもあるかもしれない。マルクス主義は経済分析の方法であり、共産党を中心とする政治活動をいうのであって、そのような文化認識はマルクス主義ではないのではないか、と。

しかしこのフランクフルト学派と全く同じ時期に、あい呼応してイタリアのアントニオ・グラムシ（一八九一―一九三七）がいることでも理解できる。最近のフランクフルト学派もしきりに彼を引用する。グラムシは一九二二年ムッソリーニのローマ進軍により、イタリアからロシアに亡命した共産主義者である。しかし彼はつぶさにロシア革命の情況を見聞すると、そこにある絶望感を感じざるを得なかった。つまり恐怖政治でしか体制を維持できないレーニン主義は失敗に終わる、と判断したのである。それでレーニンを継いだスターリンに疎んじられ、幻滅と恐怖を覚え、イタリアに戻った。彼はイタリア共産党書記長となり、ムッソリーニによって投獄され、獄中で膨大な『獄中ノート』を著し、それが後に出版されて新しいマルクス主義の教典のひとつとなった。そこで西洋における社会主義革命の成功の青写真を詳細に記している。肺結核を患ったグラムシが釈放された一九三七年、四十六歳で死んだこともそのカリスマ性を高めている。

ブキャナンはやはりグラムシの役割を重視し、次のように述べている。《グラムシは労働者階級が、幻想だと知ると、革命の新兵として、「歴史的に反主流派とされる層、経済的に虐げられた人々だけでなく、男性に対する女性、多数民族に対する少数民族、犯罪者まで」すべてが含まれると考えた。犯罪者が悪いのではなく、犯罪をおこさせた社会が悪いのだ、と。加害者が逆に保護される。被害者は安穏と暮らしてきた保守的な階級だ、とばかり。「新世代の若者はみな疎外感にもがき苦しんでいるからこそ」犯罪に走るのだ。「黒人や貧困者、世の中の敗者」脱落者こそ英雄なのだ》と。

グラムシは「市民社会」がすでに確立している西欧を分析し、《ロシアでは国家がすべてで、市民社会はそのなかに内包される……。一方、西欧では国家と市民社会は適切な力関係を保っており、国家が揺れるときこそ市民社会の揺るぎなき構造があきらかになる。（西欧における）「国家」は単なる外堀に過ぎず、その背後に堅牢堅固な要塞のごときシステムが控えている》（『獄中ノート』）と考える。

ふつう左翼は「闘争至上主義」にはしり、権力を奪取し、上から文化革命を押し付けようとする。しかしグラムシは《発達した資本主義社会では機動戦から長期間の陣地戦への移行を必然とする》と考える。まずは市民社会の文化を下から変える必要がある。そうすれば熟した果実のごとく権力は自然と手中に落ちてくる、と主張するのである。

そのために、文化変革には種々の制度――芸術、映画、演劇、教育、新聞、雑誌、さらにラジオという新媒体――転換のための「長い長い行程」を要する。それらを一つひとつ慎重に攻め落とし革命に組み込んで行く必要がある。そうすればやがて人々は徐々に革命を理解し、歓迎さえするようになる、と。

イラク戦争で反戦を主張してメディアにしきりに登場した『オリエンタリスム』の著者サイードも、グラムシの《現実は悲観的であれ、理想は楽観的であれ》をよく引用する。「カウンター・カルチャー」（対抗文化）を標榜した一九七〇年代のベスト・セラー『緑色革命』で、著者のチャールズ・ライクはグラムシをそっくりそのまま真似していた。《革命がやって来た。昔とは異なる革命が。起点となるのは個人であり文化であり、政治制度に影響を及ぼすのは、最後のほんの一筆。成功のために暴力を要せず、暴力による鎮圧も成功しない。驚異の速さで広まり、すでに法律や組織、社会制度を変えつつある……新世代の革命が》と。

ブキャナンは次のように結論づけている。《グラムシの理論は正しかったと証明された。七〇年にわたり世界を振動させた社会主義革命思想はついに崩壊した。結局レーニン・スターリン主義は、本来の目的――絶対的権力掌握――をごまかすためにマルクス思想を政治的に利用するという当初の考えから抜けだすことができなかった。レーニン方式は疎んじられ、誰にも嘆かれることなく死を迎えた。が、グラムシの革命は脈々と受け継がれ、今なお多くの賛同者を獲得し続けている。

日本のグラムシ主義の第一人者片桐薫氏もまた次のようにいっている。《日本の左翼は、戦前・戦後を通じてコミンテルンの強い影響下にあり、しかもその公式としての資本主義の「全般的危機」や「停滞性」、そしてその最終的な衰退を信じて疑うことは一度もなかった。その日本の左翼が、アメリカやフォーディズムに関心を寄せるようになるのは、やっとこの数年のことであり、そのなかでグラムシにも目が向けられるようになった。そして資本主義の危機的状況が続いているにもかかわらず、なぜ資本主義が存続しているかに注目するようになるのである》(「日本の左翼文化とグラムシ」)。

私が歴史家としてとくにグラムシの言論の危険性をいうのは、彼の「全面的歴史主義」、つまり、道徳、価値観、真実、規範、人間の在り方はみな歴史的に異なる時代の産物であるということ。《歴史を飛び越え、人類普遍の真実とされるような絶対的規範は存在しない。道徳観は一社会によって構築される》といっているからである。この歴史において、普遍的な価値を否定する考え方は、まさにイタリア人のイタリア文化否定である。キリスト教文化だけでなく、ギリシャの古典文化も、イタリア・ルネッサンス文化も何も価値がないことになる。日本の祖先がつくりだした文化・芸術も意味がない、という考え方を導くのだ。

ブキャナンもこうした彼の二大原則を非難する。一つはこの世の絶対的価値、美醜の基準、善悪の基準は存在しない、ということ。二つめは、「神の存在しない世界」では人間の行動規範については最終審判者たる左翼がルールを決定するようになること、である。まさに現代の言論が、あたかも左翼知識人のルールで決められているようにさえ見える、といっている。

ソ連崩壊後、アメリカも「右派の勝利」を考えた。今や左翼から文化を奪い返すことだと考えなかった。保守派が、社会主義勢力に政治、軍事で勝利したと思っているとき、すでに文化は縄張りを失っていたのである。もっと保守派は文化闘争に関心を持つべきだ、とブキャナンはいうが、保守派はこの叫びを無視している。

フランクフルト学派もグラムシも、社会主義運動における最大使命は「文化の攻略」だと述べているにもかかわらず、保守派は政治と経済のことしか語らない。ブキャナンは保守派は金儲けと政治戦略だけを好んだ、と述べている。日本の自民党の大部分を見れば、これが明らかとなろう。経済と政治しか保守派の話題にはない。保守派はいつのまにか文化的な教養も感受性も失っているのである。

なぜか。ひとつには、左翼知識人が文化理論を武器に、一般の文化・芸術愛好家を芸術から遠ざけたからである。保守政治家たちの文化音痴、芸術への無知は覆いがたい欠陥を示しているが、そこに追い込んだのは、現代文化が左翼リベラルに握られ、その言語についていけない保守派は何も発言できないからである。美術、演劇、文学、音楽、バレエから、映画、写真、教育、メディアまで彼らの手中に収められている、といってよい。ＮＨＫの多くの文化番組も、新聞の文化欄もほぼ彼らによって支配されている。ブキャナンはアメリカでは文化支配によって回答はおろか質問まで左翼が指示する、という。要するに、これまでアメリカ人が依拠してきた全機構を左翼が支配するということなのだ、とさえいっている。

　フランクフルト学派は多文化主義を肯定し、価値観の上下を否定する。すべて平等なのだ。こうした隠れフランクフルト学派によって、日本の論壇は左右を問わず、支配されていることになる。日本の若い学者がとびつく「カル・スタ」（カルチュアル・スタディーズ）とか、「ポス・コロ」（ポスト・コロニアリズム）、ジェンダーなども、マルクス主義を標榜しないマルクス主義方法論である。左翼リベラリストと呼ばれるものも、ほとんどこの範疇に入る。歴史における価値観を粗末にあつかい、誠実な理解をおちょくるようになる。いちいち名を挙げないが、文化、教育、芸術に気のきいたことをいう文化人はだいたいこの思考方法の持ち主である。ただフランクフルト学派の根底にある熾烈な革命思想があいまいになっているのでどちらかわからないだけだ。現在のところ『正論』などの雑誌以外の商業雑誌はほぼ隠れフランクフルト学派に支配されているように見える。

　ただ日本ではそのような西欧の左翼的な考え方は、欧米信仰と重なっており、二重のつくり物であることが問題である。実をいえばこの思想は学者の中でさえムード的なものにすぎない。日本ではほとんどの知識人があくまで欧米に追従する発想をもっているから、そのおかげで自己責任を逃れ、議論が宙に浮いてしまうのである。フランクフルト学派によって輸入された論理が日本の歴史、現実の実情に合わないことが大半なのに、それを認識する言語を発見できていないのである。西欧の大半は、実は保守的なのである。日本も同じだ。しかしそれを保守派が知的に表現していない。日本の神道や仏教をとっても、日本人はそれを自分の知力で把握していない。しかしその伝統は根強く人々の心にあるにもかかわらず。

これまでブキャナンの本をたびたび引用してきた。氏の本は政治家としての欧米の文化に対する危機感を感じて書かれたものであるが、彼が西欧復活はキリスト教復活だ、といっていることが唯一私と異なる点である。日本におけるキリスト教の信徒が人口の一％しかいないという問題は別として、そのような宗教が保守派の基本となるとすると、やはり左翼の思う壺になろう。

グラムシはこの点での批判を用意している。《「哲学」の立場からみて、カトリック教で得心がいかないのは……悪の原因を個体としての人間自身のうちにもとめていること、すなわち、人間をすでに完全に規定され限定されてしまっている個体とみなしていることである。すべての既存の哲学はカトリック教のこの立場を再現しているといってよい。……人間の概念を改革しなければならないのは、この点に関してである》（『人間とは何か』）。彼は自己の個体性は《諸関係の総体》というマルクス主義的な回答を準備している。彼らは社会、自然という人間が生きる総体を、人間を規定するものと考えており、そこから社会変革に向かおうとするのである。

しかしわれわれが主張すべきなのは「個人は諸関係の歴史の総合」である点である。すなわち個人は過去全体の要約である、という考え方に立たねばならないのだ。リンカーンは、人民は「記憶の琴線」でつながっていると説いた。日本も同じである。

フランクフルト学派やマルクス主義者は伝統ある歴史を恐怖し否定的にとらえ、それを現代から断とうと試みる。彼らには未来にしか解決法がない。その「文化理論」を見ると、いかにも文化は実用的なものを目指していないし自由だ、などという。しかし彼らが、現代芸術がもっている破壊的傾向を支持し、そこに芸術の自由の在り方を見出すとき、それは歴史を忘れようとしていることなのだ。

ホルクハイマー、アドルノなどは「アヴァンギャルド芸術」が示す世界の「日常性への理解の幻想を粉砕する」政治性を支持しているが、しかし芸術は現代だけで表現されているのではない。いくら現代で破壊的な文化理論をつくろうとも、人々は過去の遺産や歴史を大事にし、それと共存しているのである。彼らは結局、政治的党派性を文化にもちこむ愚を冒している。

歴史は当然、史料だけでなく生きた形、文化や宗教の形で残されている。そこには現代文化に欠けている崇高な概念が存在し、われわれはその精神文化を通して祖先たちと出会うことができる。現代でも過去の芸術がもっている高い地点に我々が立ち合うことができるのだ。それら多くが宗教、神道、仏教、キリスト教、イスラム教あるいはアミニズムなどによって生み出されたものが多い。またナショナリズム、パトリオティズムなど共同体性に依拠しているものもある。それによって人間の物語がつくられている。精神表現の高みにはかならず宗教精神、あるいは共同体の精神が宿っているのである。それは東西古今を問わない普遍的なものだ。文化相対主義の「歴史主義」は芸術には成り立たない。

彼らは基本的には人間社会は事物の社会としか考えられない唯物論者だから、説明できないものから眼をそらす。彼らは科学を重視するが、その「啓蒙主義」は宗教の創造神話や奇跡というものを否定することができるかもしれないが、それらがもたらした精神文化やその結晶である芸術を否定することはできるものではない。それはイデオロギーを超えている。それがその基本である経済主義唯物論の限界であり、その終焉であることを示している。

第十一章　二十世紀を荒廃させたユダヤ・マルクス主義

『澪標』平成二十二年（通巻六十一号）

アウシュビッツのあとで詩を書くことは野蛮である

有名な一文《アウシュビッツのあとで詩を書くことは野蛮である》と語ったテオドール・W・アドルノ（一九〇三―六九）は、端的にいえば、戦後の人々に詩を書いてはならない、という荒廃した文学的・知的な情況をつくった元凶の一人だといえる。実際、私が芸術史家の立場からいっても、世界の戦後の世代は、文学史上特筆すべき詩をつくっていない。詩を芸術の代名詞と考えても、少なくとも戦後世代から大芸術家は出ていない。日本でも同じだ（ノーベル賞作家や各種の賞を取った芸術家はいても）。もし詩を哲学の意味にまで拡大したら、ドイツの戦後の哲学の衰退が示されるであろう。人々は、まさにこのアドルノの言葉に従い、大戦後、詩を書かなくなったといえるほどである。あたかもこの一文で、人間性そのものが破壊され、野蛮なものになったことに気付かされたように。

しかし、この現代文学、現代芸術の不毛さについてはこれ以上いわない。ほかの原因もあるからだ。いや、そうではなく、この一致は実は偶然なことだった、と私はいいたい。例えこのアドルノの言葉が有名になったとはいえ（実際、この言葉が知られるようになったのは六八年「五月革命」の頃であった）、全世界の文学者に影響を与えたとは思われない。哲学の衰退には別の要因がある。逆に、私はそのアドルノの発言そのものを問題にしようと思う。詩を書くことが「野蛮」だといった言葉の真意とは何かについてである。

《文化批判は、文化と野蛮の弁証法の最終幕に直面している。アウシュビッツのあとで詩を書くことは野蛮である。しかもこのことが、なぜ今日では詩を書くことが不可能になってしまったのかを教える認識をさえ、蝕んでいるのだ。精神の進歩もおのれの一要素として前提するような絶対的な物象化が、今やこの精神を完全に呑みこもうとしている》。

この有名な言葉は一九四九年、アドルノの「文化批判と社会」というエッセイで書かれたものである。文化が野蛮によって破壊されるという認識さえなくなったことへの非難の文章といえよう。ただ、このアドルノの文章は、アウシュビッツというナチズムのユダヤ人に対する蛮行への非難が中心であるにもかかわらず、それが詩をつくることを否定することに結びつけたことに問題があるのだ。元来はアウシュビッツと詩の問題は全く別のことである。ユダヤ人虐殺という「野蛮」といっても、その「野蛮」を告発する詩を歌うことは、当然詩人の権利であるはずだ。それは決して「野蛮」だ、などとはいえないはずで自由の問題なのである。つまりここの文章には、極端にいえば、言論統制がある。つまり左翼ユダヤ人、あるいは、マルクス主義者のもっている「全体主義志向」プロパガンダが隠されているのである。

アドルノがこれをいうとき、詩＝文化と考えさせるために、読む人はそのレトリックにひっかかってしまうのだ。ここには「文化批判」でさえ、今日困難になっている現状を語っている。西洋人の得意な「弁証法」をもってしても欺瞞に陥ってしまう、というのだ。実をいえば、「物象化」そのものに対する嘆きと悲しみを詠うことも、抗議の声も文化である。この文章にはアドルノの巧妙な文化否定が隠されており、その党派性が垣間見えるのである。

二十世紀はマルクスの社会主義がイデオロギーとして跋扈した時代であった。それはあたかもアウシュビッツを否定するイデオロギーだったといえるかもしれない。その後、このイデオロギーは「平和と民主主義」を導くかに見えるプロパガンダを展開した。日本の共産党も社会党も多くの知識人もそれを唱えたのである。ソ連、中共をはじめとして、第二次大戦後三十年ほどはそのプロパガンダを繰り返した。あたかも社会主義国が、それが国家として実現化しようとしているかのようにマスコミは宣伝していた。私たち資本主義国の国民もその影響を受けざるを得なかった。というのも社会主義国の実態が、マスコミによって隠匿されたまま、あたかもそれが実現されかけている、と思わされたのである。社会主義が崩壊しさまざまな彼らの歴史が暴露されると、あのとき、私たちは情報操作で見事にその宣伝にのせられていた、と了解される。

たしかにアドルノはロシアの恐怖政治についても少しは言及している。彼がそれを知っていたことは、《今日すでにソヴィエト領域で……シニカルな恐怖政治の口実となっている……》という言葉が示している。しかしそれ以上には、深刻なものとして受け取っていないことが問題なのだ。実態はアウシュビッツの虐殺者以上の人々がソ連、中国で殺されていたのである。スターリンのトロツキー派の殲滅《せんめつ》どころではない、政治犯、思想犯が次々と処刑されていたことは、当時においてさえ知られていたはずである。

アドルノは、ナチズムのユダヤ人に対するホロコーストだけに注目したのであろうか。そうではあるまい。アドルノが一九四九年の段階で、前記の引用のようにソ連の実態を知らなかったとは考えられない。彼の属するフランクフルト大学の社会研究所の研究者は、すでにレーニン主義そのものの考察を一九二〇年代の段階ではじめていたし、ルカーチの文化論もその批判の上に立っていたはずである。

同じユダヤ人でありながら、ヴァルデマル・ギュリアンや、その研究を知ったハンナ・アレントはすでにこの段階で、ソ連社会主義の蛮行をナチズムと同じ全体主義国家として批判していたのである。アドルノは「アウシュビッツ」だけでなく、「ラーゲリ」（ロシアの政治犯などの強制収容所）も加えるべきではなかったか。アウシュビッツだけを述べた一文は、この学派の客観性を大きく揺るがす欠陥となったことは間違いない。

私にとって、ユダヤ人は個人的には近しい存在である。私がストラスブール大学に留学して博士論文を書くことができたのも、ルイ・グロデッキー教授というポーランド系のユダヤ人の厚遇によったものであったし、それ以後、西洋との関係を保つ上で、好意的であった学究はユダヤ人学者が多かった。ローマでもお世話になったのはユダヤ系のポルトゲージ家の人々であった。日本人とユダヤ人は対照的に見えて、いや対照的であるが故に、親近感をもてるところがある。私が批判するのは、マルクスのもっているユダヤ人的な発想であり、それを受け継ぐユダヤ人の党派的な見解である。

日本でも戦後、捕虜六十万人がソ連に抑留され、強制労働を課せられ、一割以上が死亡している。それを日本の知識人のほとんどが無視したし、ましてやソ連という社会主義イデオロギーが犯した戦争犯罪だ、と非難する者はほとんどいなかった。しかも単に戦後の労働力不足の補塡《ほてん》のために必要としたのではなく、ラーゲリにおいてイデオロギー教育を徹底させ、日本で「共産主義」思想を広めるために、この抑留された日本兵を洗脳しようとしたことも明らかになっている。このことは後で述べるが、まさに「カウンター・プロパガンダ」として「思想教育」の一端が行われたのである。

この社会主義国の実態を無視しようとする姿勢はどこから来たか。それは偏に彼らのマルクス主義の党派性にある。見て見ぬふりをした二十世紀の社会主義同伴者の犯罪といってよいものである。その多くが、フランクフルト学派のような大学人であったことも特色がある。大学という権威（今日の唯一の知的権威）を借りて、社会の「権威主義」を批判したのである。大学という閉鎖機関で孤立して研究してきたことによるものといってよい。そこは常識的な社会情報を拒否する場所でもあるし、同じレベルの者同士だけが集い、多様な意見が飛び交う場ではないからだ。私たち戦後世代は大学で、あたかも普遍的な論理であるかのように、マルクス主義の理論と実践を教えられた。今日でもベルリン・フンボルト大学では、マルクスの「哲学者はこれまで世界を解釈してきたに過ぎない。大切なのはそれを変革することである」という標語が、その玄関ホールに掲げられているのだ。日本の戦後の大学も似たような状況にあったことは、よく知られている（しかし「権威主義」があるために批判されない）。

二十世紀、それは一見、ソ連、中共といった社会主義国を標榜した国々の勃興とその没落の時代を指すように見える。だがソ連は崩壊し、中共の資本主義的変質は、その実現化の不可能性を示したにもかかわらず、イデオロギーそのものは、資本主義社会批判の幻想として依然としてくすぶりながらも生き長らえている。それはときには、資本主義の行きすぎを批判することで有用に見えるが、しかしその根底には、実現の不可能性を弁えない、社会主義国で起こったような全体主義的な野蛮さが存在しているのである。つまりその部分が、社会主義理論に無関心な保守勢力からの批判の及ばぬ世界として放置された分野であった。その放置が、借り物の理論と虚構の世界を振りまわすことで、何やら新しい思想でもあるかのようにメディアが宣伝する言論活動をはやらせてきた原因である。

彼らマルクス主義に依拠するフランクフルト学派は、ナチズムだけを「近代」の行きつくところと非難していたのである。彼ら自身ユダヤ人であったから、ナチスの弾圧により、アメリカに亡命し、人々から同情の目で迎えられた。アウシュビッツは有名になっても、ラーゲリについてはほとんど誰も話さなかったのである。ユダヤ人を助けることだけが優先し、社会主義国の虐殺を告発し、犠牲者を助けることなど念頭になかった。

アドルノたちは、五〇年に再びフランクフルトへ戻っても、《絶対的な物象化が、今やこの精神を完全に呑みこもうとしている》当時の資本主義を批判しても、その行きつくところのはずのソ連社会主義の「物象化」を批判しなかったのである。このことは、彼らの客観的に見せている知性が、いかに党派性に支えられていたかを暴露せざるを得ない。アメリカの原爆は汚いが、ソ連の原爆はきれいだ、と後でいわれる党派性があったのである。

自由主義のはずの日本でも同じであった。教育・研究にたずさわるものは、ほとんどがマルクス主義の影響を受けてきた。とくに大学こそ、というべきかもしれない。そこが彼らの活動の場だったからである。ルカーチからはじまるこの新しい社会主義運動のターゲットは中間階級であり、大学の学生層であった。学生たちが知的に左翼になるような教育が大学を中心に行われたといってよい。その後の政治の分野の退潮は激しいが、最後の砦が大学に残されてきた。それは戦後の公職追放からはじまった大学の人事権が左翼教授に委ねられている場合が多いからである。大学教授は一度なると退職まで思想を変えなくてすむ。

大学とマスコミで生き長らえている、ということは、彼らの活動は社会主義国家が崩壊したこととは独立している動きである、と思わせており、さまざまな潮流をつくっていることである。それは旧態依然の社会主義運動だけでなく、ポスト・モダンとかニュー・アカデミズム、フェミニズム、ポスト・コロニアリズム、カルチュアル・スタディーズ、マルチカルチュアリズム、オルターナティブ、反権威主義等々、さまざまな名で韜晦《とうかい》してきたマルクス主義の流れをつくり、それが奇妙にも大学や論壇で我が物顔に振るまってきた。社会における少数派が、大学、ジャーナリズムに巣くい、あたかも多数派のような顔でテレビや紙面をにぎわしてきたのである。私がかかわっている日本の歴史教科書問題についても、彼らは幅をきかせている。ジャーナリズムとむすびついて教科書潰しを押し進めたのである。しかし実際は、彼らは国民の中のごく少数派である。

この流れを主張する言論は、元がすべてカタカナか西洋語の翻訳であることでわかるように、彼らは日本の伝統文化とは異なる異質言語による文化支配をおのずから目指していた。私はそれらが、日本の伝統文化への批判思想であるだけでなく、それを破壊するものであることを常に危惧してきた。社会の暴力革命がなくとも、言葉の暴力が、文化の伝統への破壊工作を担っているのである。そこに日本の知識人の西洋思潮への異常な憧憬による、西洋思想依存の非自立性があることは悲しいことである。

その劣等感は保守主義者にも及び、カタカナの西洋保守思想、あるいは近代主義・合理主義といったものまで含むといってもよい。バークやニーチェの言葉を振りまわす保守主義者も、ある意味で同根である。シュペングラーやオルテガの思想には決して日本に定着することのない人工的な空虚さがあるのだ。つまり西洋保守思想でも必ずしも現実に依拠していないものが多いのである。

私はこれらの思想の根底を批判する必要がある、ということを二十一世紀を迎えた現在、考え続けている。学生時代に影響されたマルクス主義は、私のその後の学究生活に残され、自己を荒廃させた面があるからである。二十世紀の社会主義による大量の（数千万の）犠牲者のみならず、「詩」をつくれなくなった現代人の野蛮さが、学問や知的情況そのものに及んでいることに不快感を覚え続けた。私の専門が、美を探究する学問だけに、それが強く感じられたのである。人間の質を低下させ、伝統文化の破壊を助長している現代の商業文化は、マスコミで喧伝されるだけの、素人のつくりごとと感じられ、内容の空疎なことを実感していた。それらは社会の少数派が文化領域を独占することによって、多くの人々を惑わし続けていたのである。とくに情況のわからない若い世代への影響が大きかった。

日本ではあまり知られていないが、世界の大学で流布しているさまざまな「隠れマルクス主義」の潮流の元は、アドルノを中心としたフランクフルト学派の「批判理論」に影響を受けている。私は平成十五年に半年ばかり、ベルリンに大学客員研究員として滞在していたとき、アドルノ生誕百年の年に出会った。「思索の師」とか「最後の天才」などと呼ばれてドイツの新聞はアドルノに何頁もさき、雑誌も特集を組んでいた。ドイツ・メディアも「隠れ」マルクス主義が支配していた。私がフンボルトのベルリン大学で過ごす原因が、フランクフルト大学と多少の関係があったので、その記事にも関心を抱いた。しかしもっとも関心を抱いたのは、最後の著作『美の理論』であった。というのも美術史家、文化史家として半生を過ごしてきた私自身、「美」について大きな関心を抱いていたからである。

西洋では、この思想家ほど、芸術に自分の仕事の多くを捧げた哲学者はいなかったというから、東洋の同業者として、その論について批判することも必要なことであろう。しかし、その『美の理論』を批判する前に、彼がコミットしたフランクフルト学派の戦時中の動向と、その批判からはじめよう。

フランクフルト学派のOSSとの協力とソ連スパイ行為

アドルノの属するこのフランクフルト学派のリーダー、フランツ・ノイマンが、第二次大戦中、ソ連のスパイ行為を行っていた、という事実が明らかにされている。このことはこれまで述べてきたような、アドルノの発言の「党派性」により明らかにできることでもある。

私は近年、アメリカの第二次世界大戦中の戦術組織であるOSS（Office of Strategic Services）の研究を行ってきた。ワシントンの国立公文書館で、大東亜戦争の間に設立されたこの戦術局の資料が一九九〇年以降解禁され、その存在により日本の戦後史が塗り替えられると思われたからである。これまでマッカーサー元帥の指導下のGHQが、戦後の日本改革を行ったとされ、民主主義改革はアメリカの例にならって行われたようにいわれてきた。OSSは戦時中のいわゆる「ブラック・プロパガンダ」を受けもったアメリカの軍事組織にすぎないようにいわれてきた。しかしそうではなく、大がかりな諜報・作戦組織であったことがわかり、フランクフルト学派の学者たちが参加していたのを知り、それが反ユダヤ主義に対するものだけでなく、反日の動きにも深く関係していたことが判明したのである。

同時にそれがアメリカの戦後の対社会主義の冷戦方針と異なり、コミンテルンの動きと違った日本の社会主義化に大いに影響したことを知った。ここでフランクフルト学派とアドルノに代表される、プロパガンダの研究に関心を向けてみよう。メディアを利用した言論、イメージ支配があたかも人民の思想支配を可能にするかのような理論考察を行ったのが、アドルノらであり、労働者の革命闘争がほとんど不可能になったことに比例するかのように、このメディア支配、言論支配が、左翼少数勢力によって行われ、社会の「ねじれ現象」の醸成を可能にしたのである。

一九一七年のロシア革命は成功したものの、ハンガリー革命、ドイツ革命に失敗した西欧のマルクス主義者たちは、ハンガリーのルカーチなどが中心となり、新たな社会主義の道を探らざるを得なかった。その理論を踏まえながら立ち上げられたフランクフルト大学の社会研究所は、一九二〇年代からソ連のレーニン主義の硬直化を批判する勢力としてあらわれ、現実の社会主義に対抗する動きを示した。それは労働者・農民の「革命」を志すのではなく（それはロシアのような後進国でしか通用しなかった）、「西欧マルクス主義」として、西欧資本主義、つまり先進国における「革命」を目指す動きとして、もっとブルジョワ的な「文化」や「心理」を理解しなければならない、と考えたマルクス主義者たちの動きである。「革命」などという言葉は誰も使わなくなったが、ジョルジュ・ルカーチの『歴史と階級意識』（一九二三年）などという書物の基本は、新しい形の「革命」を目指すものであった。

その理論のひとつが「批判理論」と称するものである。この理論とは、《哲学と個別科学を相互に浸透させることによって、マルクス主義の危機を克服する、というプログラムを旗印として創始された》などといわれるが、要するに「革命」を呼び起こすために、どのように中間階級（今やこの階級を引きこまなくては「革命」など起こりようがなかった）を引き入れるか、その意識や心理を分析し、それを変革させる理論を探るというマルクス主義者の課題に応えようとするものであった。

しかしナチスがドイツの政権を獲得し反ユダヤ主義が強くなると、ほとんどがユダヤ人で構成されていたフランクフルト大学の「社会研究所」の学者たちは、ドイツにいられなくなり、アメリカに根拠地を移していったのである。そこに待ち受けていたのが、対独戦争に立ち上がったアメリカ政府である。ルーズベルト大統領はナチスに対抗する軍の戦略組織として、まず一九四一年七月ＯＣＩ（Office of the Coordinator of Information）を設立し、その責任者にドノヴァンを指名した。

ウィリアム・Ｊ・ドノヴァンを長として四二年発足したＯＳＳは、新たに設置された政治工作・宣伝担当の諸部門、すなわち「秘密情報部（ＳＩ）」、「特殊工作部（ＳＯ）」「モラル工作部（ＭＯ）」の整備に努めるだけでなく、ＯＣＩから引き継がれた戦時情報解析を担当する「調査分析部（R＆A）」の拡充に力を注ぎ、全米中の大学や研究機関から優秀な学者や研究者を大量に駆り集めた。今日のＣＩＡの前身である戦時情報・特殊工作機関の先駆である。しかし他のアメリカの軍事情報機関とは異なり、左翼知識人や亡命外国人をも積極的に採用するという方針を取ったＯＳＳが、ポール・バラン、ポール・スイジーといった米国共産党員だけでなく、全米の大学や研究機関から反独、反日の知識人を積極的に活用したのである。ドイツに関する情報を担当する専門スタッフの人材源として目を付けたのが、一流のドイツ人学者を数多く擁した社会研究所であったのである。四二年の夏、マルクーゼ、ノイマン、ホルクハイマーといったアドルノたちと同じ学派の社会学者が採用された。

そのころニューヨーク・コロンビア大学とロサンゼルスに二重の拠点を置いていた「社会研究

所」に協力が要請されることになったのである。反ユダヤとの闘争の一翼を担っていた研究所は、一九四二年から大戦終結までの約三年間、アメリカ政府の主導の下で、ナチス・ドイツに対する「心理戦争」が本格的に展開されると、その活動を本格化させたのである。その結果、四二年夏にまず、ナチス体制研究、即ち国民社会主義分析の古典となる『ビヒモス』を上梓したばかりのフランツ・ノイマンが戦時経済委員会の主任顧問としてワシントンに招聘《しょうへい》され、ＯＳＳの調査分析部ドイツ担当セクションに経済専門家として入り、ほどなくＯＳＳのＲ＆Ａヨーロッパ・アフリカ部、中央ヨーロッパ部門の副班長に抜擢されたのである。彼は一九三〇年代はじめ、ドイツから逃れて一九三六年にアメリカに渡り、その国籍を取ると、コロンビア大学の社会研究所支部教授として活躍していた。

ノイマンに続くかたちで、ヘルベルト・マルクーゼ、マックス・ホルクハイマー、Ａ・Ｒ・Ｌ・グルラントといったスタッフが続々とＯＳＳに加わるとともに、さらに四三年からは、レオ・レヴェンタールやフリードリッヒ・ボロックという最古参のメンバーもまた研究所のニューヨーク支部で勤務するようになった。ほかにマイネッケの弟子の歴史学者フェリックス・ギルバートを含めた四人のドイツ人亡命者がいた。ＯＳＳの一九四三年の初頭の時点でＲ＆Ａの中央ヨーロッパ部門には計十六人のメンバーがいたことがわかっている。彼らはワシントンにたびたび長期滞在し、ＯＷＩや司法省の仕事に従事するようになるのである。

同部門では、さらに若手スタッフとしてカール・E・ショースキーがいた。彼は歴史学者として『世紀末ウィーン』（一九八〇年）を書いているが、ノイマンについて次のように述べている。《政治学者のフランツ・ノイマンがグループを率いるリーダーであったことに異論の余地はありません。思考と言葉遣いのシャープさと、独断的なスタイルの持ち主でしたが、同時にあらゆる挑戦を受け入れるだけの心の広さがあり、壮大な構想をもった研究調査を実践的な帰結をもたらす方向にもっていく術を心得ていました》。このショースキーの記述は彼らがグループとしていかにまとまっていたかを伺わせ、ノイマンの指導力が大きかったことを明らかにしている。

そのフランツ・ノイマンがソ連のスパイであったことが明らかになったのである。ノイマンは「ラフ」というカバー・ネームで呼ばれていた。ソ連のスパイ組織、ヴェノナ研究所から、フランクフルト学派の学者で名前がわかっているのは、フランツ・ノイマンだけであるが、彼のこの学派の指導的立場から考えると、全体がそれに協力したという以外にない。日本ではソ連スパイの存在は、ゾルゲ事件で知られるようになったが、ＯＳＳが反ドイツの組織であったため、同じ反独の戦いを進めていたソ連や対独レジスタンスとの協力がなされることは必然であっただろう。このフランクフルト学派、とくにノイマンが、ソ連のスパイであったことが明らかになったことは、この学派が政治的に危険な橋を渡っていたことが理解される。

ノイマンは、四一年にＯＷＩからの要請で、ドイツに精通している亡命者のリストを作成している。その中でまずアドルノの名を挙げ、ホルクハイマー、ボロック、マルクーゼ、キルハイマー、レーヴェンタール、グルラントといった研究所の同僚たちを推薦している。それだけでなく、ドイツにおける文化やプロパガンダ、宗教問題などの専門家として、ブレヒト、クラカウアー、パウル・ティリッヒ、ヴァルター・グロピウスといったドイツの左翼的な著名人の名を挙げている。

いったいどれだけのソ連スパイがＯＳＳの中にいたか、数はまだ明確になっていない。ヴェノナの記述では、すでに特定されたエイジェントと未特定のカバーネームが重複している可能性があるので確かなことはいえないが、少なくとも十五人、おそらく実際には二十人ほどのソ連エージェントがOSS内に存在したと考えられるという。しかしこの数字は現在わかっている最低数でしかない。なぜならば、大部分のGRU通信文と多くのKGB通信文が未解読であるために、まだまだ増える可能性がある。OSS内の共産党員の総数は少なくとも五十人、実際は百人前後に上るとしたら、その共産党員たちの七人に一人、多くて三人に一人がスパイであったことになる。

OSSもOWIも共産党員を雇用していた。アメリカ共産党幹部のユージン・デニスはソ連に送った通信文の中に、共産党がOWIとOSSのプロパガンダ部門のスタッフとの接触を維持していることを伝えている。OSSの長官、ドノヴァンは後の議会の証言では、ソ連との関係を否定していたが、それは事実ではなく、側近に対しては《ヒトラーを倒すのに役立つならば、スターリンをOSSの従業員に入れる》と本心を語っていたことが知られている。一九四一年中頃、つまり組織の最初期から、ドノヴァンは共産党員と知りながら数十人を採用していた。占領下のヨーロッパにおける特殊工作のため、ドノヴァンはウルフを通して、コミンテルン率いる国際旅団の元兵士を採用した。それらはほとんどが共産党員であった。外国語能力をもち、外国人兵士とともに実際の戦闘を体験した彼らは、さまざまなレジスタンスやゲリラ軍と活動できる人員を求めていたドノヴァンにとって打って付けの人材であった。またOSSが協力関係にあったレジスタンス・グループには共産党系のものも含まれており、一九四二年、ルーズベルト政権の作業部会は、政府機関から共産党員を即時排除するように指示を出していたにもかかわらず、OSS内ではソ連のスパイが公然と仕事をしていたのである。

私はハイデッガーがナチスに加担していた、と指摘されてその責任が追及されたのを知っている。しかしフランクフルト学派の研究者が、このようなソ連スパイと協力関係にあったことを指弾した話を知らない。イギリスの美術史学者のアンソニー・ブラントがソ連のスパイであったことが暴露されて、スキャンダルになったことを私は記憶しているが（私は氏に直接会って話をしたことがある。無論専門の話であるが）、その後、彼は公職を追放された。

ナチスは悪、ソ連は善だという判断は、当時のアメリカの一般的通念であったかもしれない。だがフランクフルト学派の人々は、ソ連自身の社会主義の実情を批判する立場にいたはずである。ＯＷＩの中央ヨーロッパ部門の初代班長であったウォルター・ドーンがフランツ・ノイマンに尋ねたのは、彼らがドイツの諸事情ばかりでなく、ソ連の実情も知っていることを念頭に入れていなかったとは考えられない。私は彼らの政治介入を非難しているわけではない。こうした学者の政治参加は、戦争という国民総動員の状態においては、むしろ当然のことである。しかしアメリカに亡命し、そこで国籍を得た者が、ナチズムの反ユダヤ政策に対する闘いを展開するのはよいとしても、過酷な政治を行っていたソ連を公平に判断する目はもたなかったようだ。近い未来に崩壊せざるを得なかった社会主義国の残虐性に目をつぶっていたことはともかく、ナチスと同じ全体主義性に疑問符を打つ、学者の良心がなかったのか、という点である。少なくともこの事実は、この学派の「批判理論」なるものに、公平さを欠く党派性があったことの証明なのだ。

ノイマンがドイツのナチス体制を「ビヒモス」に比定したことは知られている。ノイマンらのナチス体制論の核心は、国家社会主義は近代世界に対して全く新しい種類の政治体制を対置している、と見なすものだ。まず、十七世紀に近代国家が生まれ、ホッブスが〝リヴァイアサン〟（正統的な近代国家）と名付けたものを根底から覆し解消させている、という。国家と社会をシステマティックなテロリズムを通じて融合させてしまい、責任ある主体としての国家を解体してカオスに置き換え、法規範の無力化を組織的に推進して無秩序とアナーキーの上に、その支配を暴力的に押しつける体制である、とする。このような考え方によりドイツのナチスを規定するのだが、奇妙なことに、これはソ連の社会主義のことを語っている、ということもできるように思える。テロリズムを秘密警察と置き換え、国家を解体してカオスにして、独裁恐怖政治をつくり出す、と述べればそのままあてはまるのである。

ファシズムには、ノイマンやマルクーゼ、キルハイマーらOSSに結集したフランクフルト学派は、次のような戦後処置を念頭においた。ファシズムとは「リヴァイアサン」の天敵となる神話上の怪物「ビヒモス」（四つの頭、政治、軍事、経済、社会・文化）が一体になって猛威をふるう存在として、全面的に解体されなければならなかった。したがってファシズムに対する戦いにおいて、戦場における軍事的闘争の決着は、その「序曲のおわり」に過ぎず、本格的な戦いは占領開始後の政治・行政体制の解体という「全面攻撃」にはじまり、経済の「支配機構」の大変革、そして社会関係や思想・文化面でのファシズムを生みだした〝封建的残滓〟を徹底的に除去するという本格的な「政治戦争」へと移行されねばならない、と一貫して説き続けたのである。このことはまさにニュルンベルク裁判とドイツの戦後処理、とくに東西ドイツの分断によって実現された。OSSはみごとに成功したのである。

同じことが日本においては、東京裁判とGHQによる戦後処理によってなされようとした。すなわち憲法制定をはじめとする諸改革で、やはり〝封建的残滓〟を徹底的に除去する方針はノイマンとO

SSの意図であった。ところが、「徹底的に除去」するに至らなかった。というのも「天皇」の存在をそのままにしたし、ドイツと違ってその「支配機構」の強固さは、連合軍百万の軍隊の犠牲を必要としたのである。つまり本格的「政治戦争」に移行できなかったのだ。その点からも、ドイツは「敗戦」であったが、日本は「終戦」であったのである。日本に対しては「ビヒモス」解体はできなかった。というのも、「リヴァイアサン」は通用しない、日本の「天照大御神」の存在があったから、というほかはない。そのことは戦後、日本人でさえよく認識していないことであるが。

それよりもこのノイマンのファシズムに対する「政治戦争」はソ連社会主義の自壊の際に、その「ビヒモス」の状態を告発し、アメリカをはじめ国連が制裁を課すべきであった。ノイマンはソ連スパイであったから、そのことなど及びもつかなかったであろうが、ソ連自体が「ビヒモス」であったことを当時、ほとんど誰も気付かなかったし、今もすでに忘却に付そうとしている。ソ連圏が自己崩壊してしまったので、戦後処理まで行う事態を失したからであるが、しかしその「ビヒモス」ぶりは同じことであったのだ。フランクフルト学派の誰もそのことに言及しないのは、彼らの「批判理論」の党派性、脆弱性以外の根拠はないのではないか。

戦後の「革命」運動はメディア戦争と化した

アドルノがOSSという諜報組織に入った記録はないが、同僚のノイマンが入っていることにより、協力者であったということはできる。アドルノが戦争そのものに対する批判ではなく、反ユダヤのナチスのプロパガンダの研究を行っていることがそれを裏付ける。ＯＳＳの主たる任務がそれであったからである。

ここで、アドルノがフランクフルト学派のＯＳＳと協力した具体的な研究内容について述べてみよう。それは情報・宣伝活動の研究であった。基本は反ユダヤ主義の宣伝に対するフランクフルト学派の立場にある。一九三三年以降、ナチス政権下のドイツでは、新聞や映画、それに当時のニューメディアであるラジオを用いて、国粋主義や反ユダヤ主義を訴えるプロパガンダ政策が取られた。ヨーゼフ・ゲッペルス率いる国民啓蒙宣伝省の元で大々的に進められていったことはよく知られている。それに対して、連合国側は遅れをとった。彼らの政治的な宣伝放送活動が本格化するのは、三九年九月のヨーロッパにおける大戦勃発からのことであり、まずドイツに宣戦布告したイギリスで情報局（ＭＯＩ）や政治戦争本部（ＰＷＥ）といった諜報・プロパガンダ機関が次々と開設された。それまでヨーロッパの紛争に対して孤立主義を掲げ続けたアメリカもまた、ドイツとの全面対決が次第に避けられない状況となる中で、一九四一年七月にイギリスのＭＯＩに模した情報調整局（ＣＯＩ）が新設されたのである。同年十二月の真珠湾攻撃を受けて、ルーズベルト大統領によって参戦の決定が下されると、翌一九四二年、情報組織を効率化するべく、ＣＯＩを戦時情報局（ＯＷＩ）と戦略事務局（ＯＳＳ）に再編することで戦時プロパガンダのための組織体制を確立することになったのである。

この後、総力戦体制下のアメリカにおいては、戦時宣伝機関であるＯＷＩの指導のもと、戦争高揚映画や反ナチス映画、戦争記録映画、ニュース映画がハリウッドで盛んにつくられ、「ヴォイス・オブ・アメリカ」（ＶＯＡ）として一括されたラジオ宣伝放送が四十カ国語以上で海外に日々延々と流された。戦時情報・特殊工作機関のＯＳＳによって、敵国に対する謀略的短中波放送——いわゆるブラック・ラジオが組織的に行われるようになった。連合国や中立国、戦闘地域に向けて、ニュース報道やレジスタンス組織による秘密放送を装った「ブラック・プロパガンダ」を無線で発信し続けたのである。その一方で、ドイツもまた、国内での外国ラジオ放送を禁止し、自国のプロパガンダ映画を数カ国語版で製作、配給した。この時代はまさに、連合国と枢軸国によるメディアを使った激しいプロパガンダ戦争という様相を呈していた。

一九四二年から四三年夏ごろにかけてのアドルノたちの主な仕事は、中立国を経由して届けられた最新のドイツの新聞や雑誌、国会図書館の書籍、地図、映画、ラジオ放送の傍受記録、公文書、秘密文書、航空写真、さらにはヨーロッパ各都市の潜入工作員からの報告や、戦争捕虜の尋問より得た証言など、さまざまなメディアやソースからもたらされた膨大な資料や情報を基にして、ドイツ及び、その占領諸国に関するプロパガンダ政策の変遷の分析である。ドイツ国内のレジスタンス組織の状況をはじめ、彼らが執筆した報告書のテーマは多岐に及び、ときにはドイツの工場労働者で結核が蔓延しているというデマを流すなど、「ブラック・プロパガンダ」作戦のアイデアを出すこともあったという。このことはソ連もまた情報としても作戦としても共有したかったから、ソ連との接触はある意味では当然であっただろう。

四四年に入って大戦の帰趨もほぼ明らかになると、Ｒ＆Ａ中央ヨーロッパ部門の主要な業務は、ドイツとその旧占領地域を統治するアメリカ軍将校たちのための各地域、項目別のハンドブックの作成、戦後ドイツの政治体制や労働組織の望ましい在り方についての試案の作成、さらにはナチスの戦争犯罪人に対しての裁判の準備といった戦後処理にかかわる問題に移行していく。

これは日本についても同様であったが、ＯＳＳが戦後処理を考えはじめていたとき、ルーズベルト大統領が四五年四月に死去し、トルーマン新大統領に代わった。新大統領はＯＳＳの情報を副大統領時代、知らされなかったため、その重要性が認識できず、大戦直後に解散させてしまうことになる。しかしその情報はＧＨＱの方に伝えられるが、マッカーサー占領軍司令官もこの組織を無視する傾向にあったため、日本ではこのＯＳＳの存在が忘れられたのである。

社会研究所のメンバーとして《例外的に、ワシントンの戦時諜報活動に関与しなかった》と研究者たちから擁護されるアドルノとホルクハイマーだが、彼らが『啓蒙の弁証法』の共同執筆だけに専心していたわけではなく、先ほど述べたようなＯＳＳと全く同じ、プロパガンダ装置としてのメディアという問題に対して、さまざまな角度からのアプローチを試みていたのである。その考察はＯＳＳに大きな影響を与え、その反独、反日のプロパガンダとその後の戦後処理に生かされたことは十分考えられる。ソ連に直接関係したという証拠はまだ出ないが、ノイマンを通じてソ連へ何らかの情報が伝えられていたことは、推測できる。ソ連の社会主義に対する批判から出発したフランクフルト学派が、スターリンの率いるソ連へのスパイ行為を行っていたことは、何やらこの学派の底の浅い党派性を感じさせる。それが戦後、帰独してもソ連のみならず、その占領下の東ドイツにおける抑圧と残虐性に目をつぶったこと、社会主義幻想を知識人に植え付けたこととも関連しているであろう。

一九四三年春に、後に全五巻の『偏見の研究』叢書に含まれる、アドルノと「バークレイ世論研究グループ」による『権威主義的パーソナリティ』（一九四四―四九）がホルクハイマーをチーフとして正式に発足した。これは反ユダヤ主義についての共同研究プロジェクトであった。そこで主要な研究課題とされたことの一つが、偏向したイデオロギー的なメッセージがラジオや映画などによって伝搬され、大衆を煽動し、操作していくメディア・プロパガンダのメカニズムについて包括的に解明することだった。その偏向したイデオロギーには、ソ連のスターリン主義批判がなかったことが問題である。スターリンこそ、権威主義的パーソナリティの権化であったことは明らかであるからだ。

アドルノとホルクハイマーは『啓蒙の弁証法』の共同執筆を行い、その中でとりわけ第Ⅳ章の「文化産業」および、第Ⅴ章「反ユダヤ主義の諸要素」に力を入れていた。このユダヤ排外主義パーソナリティの心理学的解明のために、カリフォルニア大学の「バークレイ世論研究グループ」との学術的提携をしていき、その一方で、助成金の更新のためにＩＣに具体的な研究成果を早急に呈示する必要性もあって、四三年五月から翌年二月にかけて、アドルノは、レーヴェンタール及びウル・マッシングとともに、アメリカの反ユダヤ主義プロパガンダについての共同研究に集中的に取り組んでいたのである。分析対象になったのは、アメリカの極右煽動家フェルペス、マクウィリアムス、ルーサー・トーマスの三人であった。アドルノはトーマスを担当をすることになった。トーマスは三〇年代の「キリスト教アメリカ十字軍戦士」という宗教団体の指導者であり、彼のラジオ煽動演説の分析を担当することになった。

「反ユダヤ主義プロパガンダの意味」「基礎」「権威」「動機」「テクニック」「メディア」といった項目ごとに細かい説明を加えている。どのようにマスコミプロパガンダを考えていたのであろう。アドルノによれば、「近代のマスコミュニケーションの高度に中央集権化された技術（ラジオ）」と完全に不可分である反ユダヤ主義煽動のキャンペーンがある、と考える。それに抵抗していくための研究である。

一方で、すでに一九四三年ドイツ及びその占領地域では、前年一月二十日のヴァンゼー会議でのいわゆる「最終解決」の決定を受けて、ユダヤ系住民の強制・絶滅収容所への移送と集団殺戮が本格化しているが、そのような時期に、あえて三〇年代の地方宗教煽動家のラジオ説教の言説分析を行っていたのであった。アドルノがユダヤ人の帰趨や世界戦争そのものよりも、煽動やプロパガンダといった心理戦争に深い関心を抱いていたことは、ある意味で戦後の放送技術の進展による、世界の心理戦争を予知しているようで、OSSの方針にも添い、注目すべきであろう。

アメリカではナチスを模したファシスト団体や極右宗教団体が数多く結成され、リーフレットや新聞、ラジオのようなメディアを用いて、ニューディール政策が国際ユダヤ人金融組織の陰謀であるとか、ユダヤ人共産主義者によってワシントンが支配されているといった類のデマゴギーを広めることで多くの支持者を集めていた。アメリカではユダヤ人に何らかの敵意や偏見を抱いているとされた回答者は六九・三％にも及んでいた。そうした反ユダヤの世論形成がいかになされたか、ユダヤ人のアドルノやホルクハイマーらの研究は必死のものがあったであろう。

問題はアドルノたちの考えていたことが、その「カウンター・プロパガンダ」であったことである。アドルノはまさに党派的な政治に介入しているのだ。

確かにアドルノは最初は学者的な態度を取っていた。《我々は、プロパガンダに対してカウンター・プロパガンダを対置していたわけではない。なぜなら、プロパガンダという概念そのものが、大衆支配と愚昧化と嘘偽りと根本的に連動しているからである》。このなかで、アドルノがそれに対して取られる手段とは、あくまで「個人の意識」に合理的に訴えかけることであると強調している。その口調はメディアによる意識操作に左右されることのない人間主体の「自由な」意志決定能力に対する、いささかオプティミスティックとはいえ、学者的な信頼に満ちている。《もし反ユダヤ主義との闘いが、自己満足的な認識に止まることなく、完全な実践活動へと成功裏に進んでいくことが可能であるとすれば、今日において支配的なプロパガンダのメカニズムとは根本的に異なっていながらも個々人の行動を規定するような、一つの作用点が見出されなければならない。この作用点とは、個人の意識である。人間がマスコミやそれが弄する技術的手段にいかに支配されていようとも、人間たちはまだ完全に意志を欠いたマスコミの対象であるわけではない。人間たちは〈自由な〉地点に到達するべきなのだ》。ここではまだマスコミに囚われない人間の自立性への信頼がある。

ところが彼のトーマス論では全く逆に、ファシストや反ユダヤ主義によるメディア・プロパガンダに対して「カウンター・プロパガンダ」を行う必要性をテクストの随処で訴えているのである。《それゆえ、カウンター・プロパガンダは、彼ら（ファシストおよび反ユダヤ主義の宣伝家たち）が激昂している振りをしている対象と全く同じことを行っていることを具体的に指摘するべきである》《ファシストの非合理的なプロパガンダが合理的な側面をもつことが……きわめて明白であるために、それは恒久的な不誠実さに対する一種の抵抗を生むに違いなく、この抵抗をカウンター・プロパガンダが利用することができるからである。カウンター・プロパガンダは酩酊した言葉の裏に小ざかしげな素面顔が隠れていることを指摘することができるだろう》と述べ、実際にアドルノは、この「カウンター・

プロパガンダ」を、さらにより具体的な形で現実化することを視野に入れていた。

すなわち一九四三年末にＡＪＣ幹部に対して書かれた覚え書きで、アドルノはみずからのトーマス論を、反ユダヤ主義撲滅のための大衆向けの「マニュアル」を作成するにあたっての一種の予備研究として位置付けているのである。《反ユダヤ主義的な策略の数々についての「マニュアル」を、おそらくはパンフレット形式で作成する。このマニュアルは、典型的な「反ユダヤ主義プロパガンダ」テクニックのすべてを――明白でしばしば議論の対象となるテクニックだけでなく――リストアップし、強烈でキャッチーな見出しをつけ、個々のケースにおいて作用している心理学的なメカニズムを素描することによって、そのようなトリックがもたらす効果に対していかにして自分自身を守るかを読者に教示する。我々が行った研究は、そうしたマニュアル作成のためのすべての素材とカテゴリーを含んでいる》。

ファシスト煽動家たちが、みずからの反ユダヤ主義的なイデオロギーを宣伝するために弄する「心理学的テクニック」の数々を、「強烈でキャッチーな見出しをつけ」て、わかりやすく解き明かしていくことで、彼らのメディア・プロパガンダの詐術に引っかからないように大衆を啓蒙する「マニュアル」を作ったのだ。ＡＪＣやホルクハイマーの意向を汲んだ上での言葉であるとはいえ、大衆に直接的に働きかけようとする試みのすべてに強い不信と警戒心を抱いていたはずのアドルノによるものとは、にわかに信じ難いこの提案だったのである。これこそＯＳＳがドイツに対し、また日本に対し行った作戦なのである。研究者はこのトーマス論はアドルノの生前には一度も刊行されることはなかったと強弁するが、このラジオ論が、着々とドイツ・日本に対するメディア戦略の一端を担っていったことは、実際の戦中から戦後にかけてのＯＳＳで使われた「カウンター・プロパガンダ」作戦を見れば、到底、偶然の一致であるとは思われない。

はじめに私は日本人抑留者のいたソ連のラーゲリ（強制収容所）のことを述べたが、そこでソ連もまた、死にいたらしめる強制労働だけでなく、「思想教育」のために新聞をつくらせ、映画、ラジオを組織的に使って、共産主義思想を植え込んだことが知られている。日本人の将校への服従から解き放し、日本の体制を批判し、社会主義を讃える教育を行った。まさに「カウンター・プロパガンダ」であった。ソ連もＯＳＳ同様、情報宣伝に意を注いでいたが、それはフランクフルト学派の研究と軌を一つにしていた、といってよいであろう。

戦後、メディアがラジオからテレビ、そしてパソコンへと、急速にその力を倍増することを、アドルノは察知していたかのように、メディア利用の「プロパガンダ闘争」を強く認識していたのである。彼は目的を反ユダヤ主義への主要な戦略に置いていたが、ＯＳＳは共産党員によって占められていたため、それは反共の人々の心理をメディアを通じて一定の方向へと操作、誘導させるべき方針となったのである。メディア大衆を受動的な対象と見なすという点で、ファシズムや文化産業による「大衆支配と愚昧化と嘘偽りと根本的に連動している」のである。少なくともアドルノを読んだものには、これは反ユダヤ、反共に対抗する「カウンター・プロパガンダ」の方法ではないかという疑念を払拭することは難しいであろう。

啓蒙はすでにプロパガンダであり、啓蒙はプロパガンダへと退行する――『啓蒙の弁証法』を脱稿したばかりのホルクハイマーとアドルノが、調査から啓蒙プロパガンダ映画に変貌を遂げていった、

『ピロウ・ザ・サーヴィス』のシナリオ案の改稿過程の中で、このような皮肉なアポリアを意識したかどうか知るよしはない。アドルノのようなユダヤ人にとっての「反ユダヤ主義」という言葉が、社会主義者にとっては「反共産主義」「反社会主義」と置き換えられたのである。あるいは「反ナショナリズム」「反・保守反動」といってもいいだろう。そのための「啓蒙」が、まさにフランクフルト学派により主張された通り、戦後の社会主義者であるジャーナリストや為政者を中間階級の「革命」幻想の中核に据えられた、といってよい。アメリカの、ヨーロッパの、そしてとくに日本のメディアは、この「闘い」の拠点となっている。

反日プロパガンダ放送といえば戦後ただちにＮＨＫをはじめとするメディアが「太平洋戦争史」を放送し、日本人が戦争中に数々の犯罪をおかしたことを誇張して流し、罪障感を深く植え付け、「質問箱」という番組でもすべてが日本の悪状を説き明かすことに専心した。「鐘のなる丘」という番組を流し、アメリカ的な教会がいかにも理想的な宗教であるかのように思わせようともした。ここでは網羅的に指摘することはしないが、ラジオ、新聞を使って、大々的に日本人の意識改造を行おうとしたことは明らかである。

ともあれ「民主化」と称して、反日プロパガンダを仕組んだのは、ＯＳＳとその後を継いだＧＨＱの政策によるものであった。それがフランクフルト学派の間接的な影響であるのは否定することができない。理論的な裏付け、その効果の評価は、まさにその「アンチ・プロパガンダ」の理論であった。日本に対する、報道管制、検閲が秘かに行われ、日本人の戦後観をつくり出していたのである。

日本の占領政策の基本がフランクフルト学派の理論であったという事実は、戦後改革でもわかる。

それは日本共産党の主流が試みたコミンテルンの革命路線とは異なる、ＯＳＳの二段階革命の理論であり、その策謀を実行したのが、ＯＳＳの一員として立ち働いた過去をもつケーディスやラウエルらであった。つまりＧＨＱ民政局長ホイットニーの次の地位にいたグループである。日本国憲法もまた彼らが起案した。

初出一覧

第一章　現代史はルーズベルトの隠れ「社会主義」からはじまった　書き下ろし
第二章　アメリカOSSの「日本計画」　『正論』平成十八年十月号「戦後日本は『隠れマルクス主義』によって作られた」改題
第三章　「日本国憲法」は共産革命の第一段階としてつくられた　『正論』平成十八年十一月号
第四章　日本国憲法は社会主義憲法である　渡部昇一編『日本は憲法で滅ぶ』（総和社）に加筆
第五章　GHQの占領政策をお膳立てした容共工作集団「OSS」　『正論』平成二十一年四月号
第六章　マッカーサーはOSSによって操られた　書き下ろし
第七章　ケーディスが導いた社会主義日本　書き下ろし
第八章　「戦争犯罪人」という烙印　『歴史通』平成二十二年冬号
第九章　東京裁判とOSS「日本計画」　書き下ろし
第十章　世界のメディアを支配するフランクフルト学派　『正論』平成十五年八月号「日本のメディアを支配する〝隠れマルクス主義〟フランクフルト学派とは」改題・加筆
第十一章　二十世紀を荒廃させたユダヤ・マルクス主義　『澪標』平成二十二年（通巻六十一号）

カバーデザイン　古村奈々＋Zapping Studio

田中英道（たなか　ひでみち）

評論家、文化史家、東北大学名誉教授。
昭和 17 年東京生。東大フランス文学科、美学・美術史学科卒業、ストラスブール大学 Phd。
ローマ大学、ボローニャ大学客員教授、国際教養大学前特任教授、歴史教科書をつくる会元会長。
主要著書：『イタリア美術史』Leonard da Vinci,『ルネサンス像の転換』『光は東方より』『日本美術全史』History of Japanese Art,『国民の芸術』、『聖徳太子虚構説を排す』『新しい日本史観の確立』『やまとごころとは何か』『日本と西洋の対話』他多数。

戦後日本を狂わせたＯＳＳ「日本計画」
二段階革命理論と憲法

平成二十三年七月二十五日　第一刷発行
令和四年八月三十日　第九刷発行

著　者　田中　英道
発行人　荒岩　宏奨
発　行　展　転　社

〒101-0051 東京都千代田区神田神保町2-46-402
ＴＥＬ　〇三（五三一四）九四七〇
ＦＡＸ　〇三（五三一四）九四八〇
振替〇〇一四〇―六―七九九九二
印刷製本　中央精版印刷

定価［本体＋税］はカバーに表示してあります。
ISBN978-4-88656-361-3

てんでんBOOKS
[表示価格は本体価格（税込）です]

戦後日本を狂わせた左翼思想の正体　田中英道
●戦後日本を混乱させてきたのは変種マルクス主義であるフランクフルト学派の反権力主義、反権威主義であった。　2200円

謀略の戦争史　長浜浩明
●日清・日露・大東亜戦争からソ連崩壊までを描いた日本近現代史。過去に深い考慮を払うことが平和を守る礎となる！　3960円

亡国の歴史教科書　井上寛康
●歴史教科書の多くは、「民族の気概」を伝えていない。歪められた歴史観を正し、日本人の誇りを取り戻す。　1870円

特攻回天「遺書」の謎を追う　大森貴弘
●回天特攻隊員の感動的な遺書は戦後に創作されたものであった。一体、誰が何のために遺書を創作したのか。謎を追う。　1650円

偏向平和祈念館の建設阻止　土屋たかゆき　但馬オサム
●国際法違反の戦争犯罪である東京大空襲を容認する偏向した祈念館の建設は阻止しなければならない。　1430円

コミンテルンとルーズヴェルトの時限爆弾　江崎道朗
●日本の現状に警告を発し、日本の取るべき対応の核心を衝く。本書は現代の「歴史戦争」における国防白書である。　2090円

アジアを解放した大東亜戦争　安濃豊
●帝国陸海軍は、太平洋で米軍と激戦を繰り広げながら、東南アジアでは次々に欧米諸国の植民地を独立させていた。　1430円

大東亜戦争への道　中村粲
●開戦に至る道程を明治の始めから巨視的かつ克明に辿り、歴史の真相を解明する大東亜戦争論の決定版。　4180円